我们和你们

中国和巴基斯坦的故事

陆树林 / 主编

五洲传播出版社

图书在版编目（CIP）数据

中国和巴基斯坦的故事 / 陆树林主编 . —北京：五洲传播出版社，2015.1
（我们和你们）
ISBN 978-7-5085-2907-3

Ⅰ . ①中… Ⅱ . ①陆… Ⅲ . ①中国巴基斯坦关系 – 友好往来 – 通俗读物
Ⅳ . ① D822.235.3–49

中国版本图书馆 CIP 数据核字（2014）第 225217 号

我们和你们：中国和巴基斯坦的故事

出 版 人：荆孝敏
统　　筹：付　平

主　　编：陆树林
责任编辑：高　磊
助理编辑：董　智
装帧设计：北京翰墨坊广告有限公司
出版发行：五洲传播出版社
地　　址：北京市海淀区北三环中路 31 号生产力大楼 B 座 7 层
邮　　编：100088
电　　话：010 – 82000227
网　　址：www.cicc.org.cn
承　　印：北京利丰雅高长城印刷有限公司
版　　次：2015 年 1 月第 1 版第 1 次印刷
开　　本：787×1092mm 1/16
印　　张：17
字　　数：220 千字
定　　价：58.00 元

序一

能为退休大使陆树林主编的历史性的《我们和你们：中国和巴基斯坦的故事》作序，我感到十分荣幸。这本书是由许多中国的杰出人士撰写的关于他们长期同巴基斯坦及其人民交往的故事编辑而成的文集。

这本书是在巴中双边关系历史的特殊时刻出版的。2015年是两国商定的友好交流年，两国政府已决定举行一系列的活动来庆祝两国的持久关系和可靠的友谊。我预见2015年将把我们两国引入更高的合作和共同发展的新时期。

历史，正如我们知道的，是在不断地形成之中的。时间围绕历史运转，给历史以回味。我们生活在另一个经济和社会快速发展的时代。中国和巴基斯坦总是休戚相关、患难与共，我们是一个身体的两个延伸。这一令人惊异的业绩是我们两国多年来在政府和人民两个层面密切的伙伴关系和互信关系的结果。读了这本书，我感到，我们的友好关系是何等的特殊和独一无二啊！

陆树林先生是巴基斯坦的老朋友。他曾任中国驻巴基斯坦大使，积累了关于巴基斯坦历史和遗产的丰富知识和经验。这对于他主编一部中国的重要和著名人物从自己长期相处和合作的角度观察巴基斯坦的书是有利的。我很高兴地读到他们在巴基斯坦那么多城镇的极为丰富的经历。使我感到极为满意的是，除了我们的战略伙伴关系之外，我们两国的人民之间存在着持久的相互关爱的密切关系。

本书的文章是作者们以坦率和直接的风格写出来的，既没有隐藏什么东西，也不粉饰尘世的现实，而是对巴基斯坦的各个文化和族群的分析的如实描述。我相信这本书可以成为从外国人的角度更多地了解巴基斯坦的一本有趣的手册。

仅仅几个月前，我荣幸地成为在上海复旦大学举行的《乌尔都语汉语词典》发行仪式的嘉宾。这部词典的出版是促进我们两国之间语言联系的重要一步。而今，《我们和你们：中国和巴基斯坦的故事》在以英文、中文出版的同时，陆树林先生也在努力推动乌尔都文版尽快出版。我对他致力于使此书能为更多人阅读十分赞赏。

在战略层面上，具有历史意义的中巴经济走廊的构建使我们两国的关系更加密切了。这一里程碑式的走廊将给我们今后的行动重新定调，这是我们两国决心相互学习长处和把双边经贸关系推向新的高度的嘹亮的号角。站在历史的转折点上，我为自己能见证我们两国所采取的这一新的战略行动而深感荣幸。我们将把两国悠久友谊的这一新的遗产留给我们的下一代们去珍惜。

人会一代代地更替，但他们留下的语言和文化印迹将在许多世纪里长存。我相信，这本书将成为我们共同的遗产的一部分，并在未来的日子里提醒两国人民记起我们曾经的并继续共享的美好的友谊。

马姆努恩·侯赛因
巴基斯坦伊斯兰共和国总统
2014 年 11 月

序二 ————————————

对许多中国人而言，一提起巴基斯坦，就会自然而然地想到"老巴"、"铁杆儿"这样亲切的称呼。的确，中巴友谊脍炙人口、深入人心。两国之间建立了全天候友谊，开展了全方位合作，是不折不扣的好朋友、好邻居、好伙伴、好兄弟。

来到巴基斯坦工作一年多，我时时刻刻都感受到巴基斯坦人民对中国的友好感情，深深沉浸在中巴友谊的海洋之中。我曾出席一些中巴合作项目的开工仪式，走访巴基斯坦的大中小学，参加孔子学院"汉语桥"比赛活动，多次目睹巴基斯坦老百姓发自内心地高呼"中巴友谊万岁"。我更听到很多巴基斯坦朋友常常自豪地说，"中巴友谊比山高、比海深、比蜜甜"、"中国是巴基斯坦最亲密、最值得信赖的国家"、"对华友好是巴基斯坦各界的最大共识"。这些真诚而又朴实的话语，犹如一股股暖流滋润着我们的心田。

我深深地感到，中巴友好深植于两国民众心中，融入了人们的血脉，成为属于两国最广大人民的宝贵精神财富。作为中国驻巴基斯坦大使，我对此倍感自豪，更感到责任重大，时刻提醒自己必须以百倍的努力去传承和发扬这种来之不易的信念，推进和开创两国友好的新局面。

此次即将出版的《我们和你们：中国和巴基斯坦的故事》一书，作者都是曾长期从事中巴友好交往的资深外交官和各界知名人士，包括曾经担任中国驻巴基斯坦大使的耿飚副总理的女儿耿莹、陆维钊大使、周刚大使和夫人邓俊秉参赞、陆树林大使、张春祥大使，还有我的父亲孙宗强参赞等。他们通过自己的亲身经历，从不同角度生动回顾了自己和巴基斯坦各界民众的真挚友谊，讲述了中巴两国和两国人民的不解之缘。这些故事或娓娓道来，或以小见大，或激情洋溢，或严谨庄重，朴素中透露出真情，平凡中蕴含着深刻，唱响了中巴友好深入人心、历久弥坚的主旋律。这些故事如同盏盏明灯、涓涓细流，将照亮中巴友好的未来，汇成中巴友好的长河。饮水思源，我愿向各位前辈和师长的辛勤付出和不懈努力致以深深的敬意！

陆树林大使是本书的主编。我同陆大使相识甚久，他对于外交事业的坚定执着和真诚质朴的人格魅力，都让我受益良多。15 年前，他出任中国驻巴基斯坦大使，为推进中巴两国友好合作、增进两国人民友谊殚精竭虑，不辞辛劳；离任退休后，他长年为中巴友好奔波，对中巴友好倾注了巨大心血和持久投入，更在古稀之年以极大的热情主编本书，令人感动。

2015 年是中巴两国领导人确定的"中巴友好交流年"。我深信，《我们和你们：中国和巴基斯坦的故事》一书的出版，将是献给"中巴友好交流年"的一份厚礼，必将极大地增进两国人民之间的了解、互信与友谊，也必将鼓舞和激励更多有识之士投入到中巴友好事业中来。

巍巍喀喇昆仑山见证了中巴友谊的历史。让我们共同努力，迎来中巴友好合作更光明的未来。

中国驻巴基斯坦大使 孙卫东
2014 年 11 月于伊斯兰堡

目 录 Contents

我们和你们

和

你们

中国和巴基斯坦的故事

友_篇谊

忆周恩来总理首访巴基斯坦

我们敬爱的周恩来总理生前曾五次正式或顺访友好邻邦巴基斯坦，无数次接待过巴基斯坦领导人和各种团组，为中巴友谊做了大量具体的工作，为增进中巴友谊作出了突出的贡献，受到巴人民的真诚热爱和尊重。我当年作为驻巴基斯坦使馆的一名年轻馆员，有幸目睹了周总理首次访问巴基斯坦的全过程。时隔58年，他在巴各地受到巴人民极其热烈欢迎的情景，他的精神风貌，至今回忆起来仍然历历在目，使我激动不已。

1955年万隆会议期间，周总理同巴基斯坦总理穆罕默德·阿里·博格拉进行了两次会晤，周总理开诚布公的谈话，以及他在会议期间表现出的博大胸怀和求同存异、以理服人的风范，博得了巴总理的好感，双方一致认为应加强两国的交流和合作。两国总理的首次会晤增进了相互了解，促成了1956年两国总理的互访。

1956年10月，应周恩来总理的邀请，巴基斯坦总理苏拉瓦底排除各种阻力和障碍访华，受到中方热烈隆重的欢迎和接待。毛泽东主席会见并宴请，周总理同他进行了四次会谈。毛主席、周总理还以亲笔题名的肖像相赠，访问取得圆满成功。同年12月，应苏拉瓦底总理的邀请，周总理就对巴基斯坦进行了回访。

那年冬天，周总理在贺龙副总理的陪同下，率领中国政府代表团访问南亚八国，其间第一次访问巴基斯坦。根据工作需要，使馆决定一些同志参加代表团随团活动。我是1952年被派去驻巴使馆工作的，有幸成为代表团的最后一名成员。使馆给我的任务是近身保卫和必要时作简单的乌尔都语翻译，因此，在访问过程中我要尽可能地靠近总理或先于总理抵达现场，还携带一架捷克产的 16mm 电影摄影机进行拍摄，这样我便有幸近距离地目睹了周总理无产阶级革命家的风采、独特的外交风格和感人的人格魅力。现在回想起来，总理的潇洒英姿、音容笑貌仍然栩栩如生地显现在眼前。

巴基斯坦当时的首都是卡拉奇，虽已 12 月，却晴空万里，温暖如春。高高的旗杆上飘扬着中巴两国国旗，机场上人潮如涌，鼓乐喧天，周总理在检阅台上神采奕奕地向欢迎的人群挥手致意，贺龙副总理身着元帅服站在总理的右后方。在整个欢迎仪式过程中，贺龙元帅始终与总理保持一定距离，以突出总理，而周总理则常常停下来回头照顾贺龙元帅。这种相互尊重、水乳交融的革命情谊令人深受感染。

周总理这次访问，除了卡拉奇外，还访问了海得拉巴、白沙瓦、拉合尔和当时东巴基斯坦的首府达卡。他每到一处，都受到热烈的夹道欢迎，许多地方常常是人山人海，其热烈隆重的场面令我十分感动，我都用电影机拍摄下来。我至今还珍藏着许多巴方赠送给代表团成员的珍贵照片。

从下飞机起，周总理就投入到夜以继日的工作中。在巴方安排的拜会、会谈、宴会、茶会、招待会、群众大会、参观访问等各种活动中，周总理抓紧一切机会做巴政府高级官员和社会各界人士的工作，但又始终不忘记巴人民群众。当时新中国成立不久，西方的反共反华宣传甚嚣尘上，对巴方接待中国总理的这次访问，也是多方阻挠，施加各种负面影响。周总理的这次访问，本着寻求友谊、寻求和平、寻求知识的真诚愿望，按照求同存异、和平共处五项原则，从反帝、反殖的大局出发，充分理解巴的实际情况和处境，做了大量深入细致的工作，赢得了巴朝野的信任和尊重，才从根本上改变了这种状况，使中巴关系沿着新型国家关系的道路向前发展，几十年来成为不同社会制度国家友好相处的典范、全天候的挚友。

　　周总理有着过人的精力和非凡的记忆力。已经连续访问了几个国家的他每天三四点钟就起床，很晚才休息。使馆给总理送电报的机要员常说，真不知道总理什么时候休息。在招待会上，有些官员第二次见面他就能叫出对方的名字，使对方甚为惊讶，说总理一天见那么多人，怎么能记住我的名字呢？总理与人谈话，不搞外交辞令，态度诚恳亲切又坦率自然，既有鲜明的原则立场，又不给人以丝毫的强加于人的感觉。有时在招待会上，因为站得时间久了，总理喜欢双臂抱在胸前，身体稍往后倾，像老朋友聊天一样和人家谈话，谈到高兴处会爽朗地开怀大笑，使谈话的气氛十分融洽。在强光的照射下，总理粗

重的眉毛、炯炯有神的目光和和蔼可亲的笑容极具感染力，不论在什么场合，他都像磁石一样吸引着周围的人们。

当然，周总理也有严厉的时候。那是在耿飚大使在使馆草坪为总理访巴举行的答谢招待会上，巴总统、总理等不少官员，以及社会名流、记者等云集现场，招待会持续时间很长。在主要的客人都已走了，招待会快要结束的时候，突然听到总理用英语严厉地对一个人说："No Formosa, No Formosa! Taiwan, Taiwan!"接着就看到两个巴基斯坦人把这个人架了出去。事后听说，那是一个印度记者，在向总理提问时几次称台湾为"福摩萨"，总理纠正了他几次，他还是坚持用"福摩萨"，总理才当面打发了他。当时在场的人都说那个记者不对。

周总理不仅管大事，对涉外的小事也非常注意。在离开卡拉奇到西巴的海得拉巴、白沙瓦、拉合尔和东巴的达卡访问前，总理传下话来，要随团的每个人都要买一件 morning gown（晨袍），那时我才知道，按当地风俗，住旅馆或宾馆时从起床到穿上西装出门前要穿晨袍。

在文化名城拉合尔，当地进步人士米安·伊夫蒂卡鲁丁在著名的夏丽玛公园里为周总理举行市民招待会。公园里冠盖云集，风景如画。午餐开始前，代表团的秘书找到我说，总理讲话稿的最后一句——"中巴两国人民的友谊万岁"要用乌尔都语。我告诉他后，他当时就用汉语拼音写了下来，念了一下觉得不大好念，我们又改成英文拼音。后来，总理在讲话中说到最后一句时稍微停顿了一下，然后用乌尔都语很清楚连贯地念出了"中国和巴基斯坦人民友谊万岁"，立即引起全场热烈的掌声。

从西巴到东巴，代表团乘坐的是巴国内航线临时改为专机的小飞机，快到达卡时遇到大风，飞机颠簸得很厉害，一会儿被风抬了起来，一会儿又深深地跌下去，连巴方陪同人员都有

些紧张，而周总理却若无其事一般，与周围的人谈笑自若，下飞机前还专门走到机舱前部与巴机组人员握手表示感谢，称赞他们的驾驶技术好。

到达达卡时天已逐渐黑了下来，只见下面黑压压的人群在移动，听说是巴总理苏拉瓦底动员了 20 万群众迎接周总理，这在巴历史上是史无前例的。我们一下飞机，车队就被欢迎的人群挤散了，只能跟着人群缓缓地移动。后来车子一点都走不动了，只看到巴方已安排周总理一个人站在机场中央的台子上，四周的强力探照灯打在他的身上。周总理的卫士成元功同志只能站在台下，而总理则泰然自若地在上面站了约十多分钟，直到巴方人员请他上车。

我忘不了达卡的人，房上、墙上、车上、船上、桥上到处都是欢迎周总理的人，总理的访问成了东巴人民欢乐的节日。

在东巴，感人的一幕发生在一个火柴厂里。工厂比较破旧，设备也很落后，仅是半机械化的。但周总理按照巴方安排，像在巴各地参观一样，仍是兴致勃勃、认真仔细地观看每一个工序，并不停地询问着，以表示对主人的尊重。走到包装工序时，看到一个十四五岁的小男孩站在机器旁，双手以超乎寻常的速度把机器上不断送过来的火柴装进火柴盒里，周总理便在他旁边站住，仔细地看了一会儿，又问了陪同人员几句话。小男孩头也不回地做他自己的事，因为机器不容许他有半点分心。这时就听总理对身边的人说："我要给他一点奖励。"至于小男孩最后能得到多少钱，那就不得而知了，但一个社会主义大国的总理对一个资本主义世界童工的关心，显得那么亲切自然，又是那么令人回味。

访问结束了，那是1956年年底，12月30日，周总理下一站要访问印度。巴总理等巴方人员和耿飚大使夫妇等中方陪同人员在飞机旁排成一行欢送总理、贺龙元帅和代表团，我站在最后一个。上飞机前，周总理一直走到队伍的最后和送行的人一一握手告别。在和总理握手的时候，我想到总理10个日日夜夜的辛劳，心里有一种说不出来的感觉。总理的一举一动、

周总理在巴基斯坦参观纺织厂。

一言一行，使我懂得了什么叫全心全意为人民服务，什么叫"鞠躬尽瘁，死而后已"，什么叫置个人安危于度外。总理心里装着党、国家和人民，装着全世界人民，唯独没有他自己，因此受到全中国和全世界人民的爱戴与尊崇。10 天中，我亲身感受并沉浸在这种精神之中，这就是伟大的"周恩来精神"，令我终生难忘。

　　我在上世纪 50 年代和 70 年代两度在中国驻巴基斯坦使领馆工作，深深感受到了巴基斯坦人民对周总理的热爱之情。巴朋友常称周总理是中巴友谊的奠基人，我想这是非常贴切的。

孙宗强

（中国文化部离休干部，曾在驻巴基斯坦使领馆任随员、领事达 11 年，后任驻比利时、菲律宾使馆文化参赞）

巴基斯坦朋友忆周恩来

2004年9月，巴基斯坦政府决定把首都伊斯兰堡使馆区的主干道"大学路"更名为"周恩来大道"。这是伊斯兰堡第一条以外国领导人名字命名的街道，意味着巴基斯坦人民将世世代代记住周恩来这一伟大的中国朋友。

在首都伊斯兰堡的夏克巴里安小山公园国际友谊林里，每日参观的人络绎不绝。1964年2月，中国总理周恩来在这里种下了第一棵友谊树。当我访问巴基斯坦，在城市街头徜徉时，常有人跑到我面前高呼："周恩来万岁！巴中友谊万岁！"当我作为访问学者在校园里与师生交谈时，他们提到最多的是周恩来；在我任驻外记者时的采访中，同样感受并看到了那些会见过周恩来总理的巴党、政、军高级领导人以及有关工作人员至今对周总理仍怀有深厚的敬意和无比的热爱，他们珍藏着与周总理的合影，珍藏着对周总理的深刻怀念。

布托家族与周总理的情谊

前总理贝娜齐尔·布托一家父女两代人与周恩来总理有着深厚的友谊。贝·布托的父亲佐勒菲卡尔·阿里·布托是周恩来总理和陈毅外长的好朋友。周恩来总理和陈毅外长访问巴基斯坦时在布托家做客，以及贝·布托和弟弟妹妹在周总理家做客的照片，一直被布托家族珍藏着，并且经常随纪念性文章发表于报端。

1998年2月中旬的一天，我到议会大厦采访贝·布托，事前被告知她只能书面回答两个问题。在一个门外排着五六个人等待接见的房间里，我终于见到了贝·布托。她不施粉黛，是一位有气质、端庄、漂亮的知识女性。她很客气地说："你的两个问题已经写好书面回答，是否照着念就可以了？"我快速准备好录音机说："非常感谢，可以。"开始，贝·布托还照着稿子念。没念几行，她就放下了稿子，侃侃而谈。

贝·布托说："巴基斯坦人民非常敬仰周恩来总理，也无限怀念他。当中国总理逝世的消息一公布，时任总理的父亲当即发表声明，沉痛哀悼周总理，痛惜巴基斯坦失去了一位可靠的朋友。"她说：当今世界发生着巨大的变化，中国和巴基斯坦的年轻一代人可能不太知道自己的前辈们所处的时代是多么的艰难困苦。中国在革命胜利后，面临的几乎是世界范围内的经济封锁。巴基斯坦国家领导人，其中也包括她的父亲佐·阿·布托，顶风与中国合作，使中国得以通过巴基斯坦国家银行与其他国家发展对外贸易。这种间接方式多少打破了西方对中国的经贸封锁。为此，巴基斯坦也经受了来自外界的巨大压力，遭到西方国家的指责和刁难。但是，父亲却坚定地相信：在毛泽东主席和周恩来总理领导下的中国一定会成功，一定会成为一个强国。

贝·布托说："父亲曾经说过，就国家和地区安全来说，巴基斯坦与中国保持友好关系是非常必要的。在中国有困难的时候，巴基斯坦帮助了中国，同样在巴基斯坦面临困难的时候，中国也无私地伸出了援助之手。""当巴基斯坦被肢解时，父亲在联大奋力争辩，中国站在了巴基斯坦一边。1972年，中国否决了安理会关于孟加拉国加入联合国的决议草案，给了刚刚失去领土的巴基斯坦人民巨大的精神支持。巴全国上下热烈欢呼中国主持了正义。"

不仅是父亲佐·阿·布托，她们一家人都对中国有着深

1963年，周恩来总理、彭真副委员长（右1）、陈毅副总理（右2）和贺龙副总理（左1）在北京人民大会堂会见巴基斯坦外长佐·阿·布托。（供图：中新社）

厚情谊。贝·布托说："父母希望自己的孩子多了解中国，让孩子看看这个国家的人民怎样通过勤劳努力来获得成功。为了实现对共产党领导国家的直观观察，他们把我们送到中国来度假。一次，我们姐弟四人在周恩来总理家做客。周总理知道我在哈佛读书，聊家常似地问了我在美国的感受，并问我下一届美国总统能是谁？我肯定地回答说：乔治·麦戈文。周总理却说：根据他得到的情况，下届美国总统可能是理查德·尼克松。"

贝·布托面带羞涩地说："我那时还是个学生，对竞选之事估计不成熟，但他认真听我的每一句话，还让我回到学校把

1990 年 5 月 8 日，巴基斯坦人民党主席努·布托夫人到北京中南海西花厅拜望邓颖超。（供图：中新社）

得到的印象再写信告诉他。我照做了，还是强调乔治·麦戈文。这就是我那时的政治敏感。"贝·布托露出了微笑说："在周恩来总理家做客就像在自己家里一样，周总理还亲手剥糖给我们吃。"

贝·布托说："母亲努斯拉特·布托是巴基斯坦访华最多的女性，她与父亲一样热爱中国，信任中国。母亲与邓颖超女士关系非常密切，友情很深。"讲到周总理去世后她的母亲专程去北京看望邓颖超，两位政治家遗孀拥抱痛哭的情景时，贝·布托的眼睛湿润了。我也被她流露的真情深深感动。

她说：现在自己不是总理了，但她领导的人民党会永远与中国人民友好。她也相信，巴基斯坦的任何一届政府都会把与中国的友好作为外交政策的基石。

原定几分钟的书面采访变成了半个多小时的提问采访，两个问题变成了多个问题，我从中感到了贝·布托对周总理的深情。因为，两个问题不足以让她把情感表达得淋漓尽致。

古哈尔·阿尤布·汗外长谈周总理

　　前外长古哈尔·阿尤布·汗是我驻站期间采访次数最多的巴政要。他始终带着慈善和蔼的微笑，对中国有一种深情。在谈到中国总理时，他说："周恩来总理是世界上最杰出的外交家。如果仅仅从中国的范围来衡量他的功绩，那将有损于对这位非凡英才的纪念。"

　　古哈尔说："我的父亲（巴前总统阿尤布·汗）经常赞扬周恩来总理，说他分析问题敏锐，处理外交问题果断；说他博学又很谦虚。周恩来总理的影响不仅仅在中国，他的影响还在我们巴基斯坦，也可以说在全世界。""我非常赞同父亲的观点，因为周恩来代表中国执行的外交政策，是让包括巴基斯坦在内的第三世界国家称赞的真正的符合和平共处五项原则的政策。中国对内走的是独立自主、自力更生的道路，对外从不欺负压榨别的国家。与那些强权国家相比，中国更能赢得世界人民的心。"

　　古哈尔介绍说，他对中国人民的友情，有其家族的渊源。他多次随父亲阿尤布·汗总统访问中国，每次访问都受到异常热烈的欢迎。他的父亲也多次接待了访巴的中国总理。在他父亲执政期间，中巴关系已经进入了良好的发展时期。在总统父亲与毛泽东、周恩来等老一代中国领导人间的深厚友谊的影响下，他在学生时期就喜欢收听中国的对外广播，努力获得来自中国的信息。在他成年后担任国民议会议长、外交部长等职务时，更是以巴基斯坦政要的身份多次访问中国。

　　古哈尔说："周恩来作为伟大的外交家，给人的感觉却是

那么亲切，平易近人。第一次吃北京烤鸭的时候，我不知道是用饼卷起来吃，周总理亲自教我吃法，让我心里无比激动。在盛大的宴会上，竟让我感到像在家里吃饭那么亲切，那么暖意融融。"说到这里，他陷入了深深的回忆，半天没有言语，那沉思的表情表达了他对周总理的深深哀思和怀念。

采访结束时，古哈尔外长还送给我几张他与周总理和陈毅外长的合影，并告诉我说："在乡下老家，楼上楼下挂满了我和父亲与中国领导人的合影。这些照片作为历史的见证，将永远挂在我的家里，永远保存在我的记忆里。"

老情报局长忆周总理访巴

老情报局长阿克拉姆先生对我讲的一件事，至今令我感动不已。他谈到 1964 年 2 月周恩来总理访问巴基斯坦，在拉合尔市遇到异常热烈欢迎的情景："总统让我一定做好对来自伟大中国的政府首脑的安保工作。可是周恩来总理到访的那一天，欢迎的人群早早地站满了街道两旁，有的手里挥舞着彩旗，有的向车队抛撒着玫瑰花瓣。大树上、房顶上、大花车的顶篷上，总之，凡是能站人的地方全站满了人，凡是能爬上人的地方也全爬满了人。他们热情地高呼'周恩来万岁'，高呼'巴中友谊万岁'。如此众多的人群是我始料不及的。我无法控制涌来的人群，事先预备的安全措施也无法有效实施。周总理的车子仿佛是被数万群众抬着送到国宾馆的。但让人惊奇的是，到达国宾馆时，前排的人还互相挽起臂膀，形成了坚实的人墙，自觉为贵宾留出了通道。这种情形使我对于众多欢迎群众的恐惧变成了心里从未有过的感动。这是巴基斯坦人民在发自内心地欢迎中国的总理呀。"

阿克拉姆先生说："什么安全措施呀，人民就是铜墙铁壁！那种场面是空前的也是绝后的。在我任期之内从来没见到其他国家的领导人能享受到这种发自民间的友好欢迎。在我离任之后，在巴基斯坦也没出现过。什么是奇迹？倾城出动的人群用真情创造了安全的奇迹！"老局长的真情流露同样让我感动。

伊夫迪哈尔准将与周总理的情缘

1998 年 2 月初，当我来到时任巴中友协资深主席、退休陆军准将伊夫迪哈尔位于拉瓦尔品第的家中时，顿时被客厅的中国文化氛围所吸引。中国式的家具、工艺品、屏风、挂画等，无一不散发着主人对中国的热爱。最醒目的是主人与周总理的合影照片。

1956 年末，周恩来总理第一次访问巴基斯坦时，年轻的上尉伊夫迪哈尔是仪仗队队长，受到了周恩来总理的亲切接见。从此他下定决心学习汉语，要为中巴友谊作贡献。1964年1月开始，伊夫迪哈尔在中国学习了两年汉语。幸运的是，1969年到1972年间，他又在巴驻华使馆武官处任武官。这期间，周总理数次接见并与他商量大事。那时，由于巴基斯坦的国家安全受到了威胁，国家被肢解，他多次向周恩来总理汇报或商量工作。周总理经常是在凌晨两三点时紧急召见他，了解情况，与他商量对策。周总理对问题的精辟分析，使他觉得周恩来既是外交家，又是军事家。

伊夫迪哈尔先生回忆着往事，非常激动地说："周恩来总理对我说，巴基斯坦有任何情况和困难你都要及时告诉我，有任何要求，你也要及时告诉我，中国人民绝不会袖手旁观巴基斯坦的危难。"回忆到这里，他热泪盈眶，哽咽着说："那个时候的中国很不富裕，众所周知的'文化大革命'让周恩来总理日理万机，身心疲惫。他显得很憔悴，很瘦，我看出他身体不好。但在巴基斯坦面临危难的时候，拖着病体的周恩来代表中国坚定地站在巴基斯坦身后！每当我想到周恩来总理，内心就无比的感动和痛惜。"

伊夫迪哈尔先生深情地回忆说："不管在什么场合，周恩来总理见到我，总是远远地向我招手，走上前来紧紧地握着我的手或拍着我的肩膀，问我工作怎么样，身体好不好，夫人孩子可好。我内心暖暖的，对这个慈爱可亲的长者充满深深的敬意。"

伊夫迪哈尔先生说，听到周恩来总理逝世的消息时他惊呆了，立即请假从外地赶往伊斯兰堡的中国大使馆吊唁。使馆外面人山人海，很多巴基斯坦老人捶胸顿足，哭喊着：真主为什么不让自己替周恩来去死？他说："一个中国领导人能在巴基斯坦人民心中留下如此巨大的影响，这种景象我是从来没有见过的，恐怕在世界上也少有。""看到这种情景，让你感到一种心灵的震撼！这种震撼就是巴中友好的根基，它会世世代代传承下去。"

伊夫迪哈尔先生说："特殊的历史原因让我有幸多次接触了周恩来总理。这是一生的自豪！我非常崇拜周恩来。像周恩来这样伟大的领导人，几个世纪都很难出一个。"

26 次见到周总理的摄影师拉吉

著名摄影师拉吉先生在周恩来总理每次访问巴基斯坦和巴领导人访问中国时，都是负责拍照的首席摄影师。他自豪地告诉我："我是非常幸福的人，有幸 26 次见到周恩来总理。"

在首都伊斯兰堡 G6 区拉吉的家里，我看到了挂在墙上的他与周总理的多张合影，以及他拍摄的周总理访巴的照片。他说："周恩来总理第一次访问巴基斯坦的时候，我很年轻，第一次担当这么重要的摄影任务，心里忐忑不安。看到中国总理

1998 年 2 月，孙莲梅采访 26 次见到周恩来总理的巴基斯坦首席摄影师拉吉。

那么英俊、帅气，气质又很阳刚，对欢迎的群众又是那么和蔼可亲，我真是吃惊得有点发呆了，手里的照相机也不大听使唤了。周总理看出我的紧张，走到我面前，亲切地握着我的手，问我叫什么名字，多大岁数了。一个大国总理如此亲切地对待一个普通摄影师，让我激动万分。那感激之情就通过照相机的咔嚓、咔嚓声表现了出来。"

拉吉说："1964年，周恩来总理又一次访问巴基斯坦的时候，我就不紧张了。当看到周恩来总理走向人群，与狂呼的群众握手时，我抓紧抢拍这些珍贵的画面。我被人们的狂热包围着、鼓舞着，当时只觉得能为周恩来总理拍照真是太幸福了。""拍到最后，中国总理还是走近我，与我握手，说辛苦了。我激动地连声说：NO! NO! 周总理并未马上离开，还问我结婚了没有，有没有孩子。"

拉吉说："再后来，我见到周恩来的次数越来越多。他每次见到我，都能喊出我的名字，'拉吉、拉吉'地叫我。这是我担任摄影记者给那么多其他外国领导人拍照从没遇到过的。""一个大国的总理竟然能记住一个普通摄影师的名字。这是我终生难忘的荣誉。"

在巴基斯坦的亲身经历让我深刻感受到：周恩来不仅属于中国，也属于巴基斯坦，他永远活在巴基斯坦人民的心中。

孙莲梅
（中国国际广播电台乌尔都语部前主任）

前人栽树　后人乘凉

——忆父亲耿飚和巴基斯坦

父亲的一生是惊涛骇浪的一生，是风驰电掣的一生，是七彩锦绣的一生，是光彩夺目的一生。因为他永远是中国人民的战士，也是新中国的栽树人之一。

新中国刚刚成立，父亲拍掉满身的战灰，就接受了新的任务，不是拼杀的任务，而是"外交"任务。任务的重要和特殊，对他这个12岁就拿枪杆子的红军战士而言，是前所未有的。当然，他心里也想着，建立了新中国绝不意味着革命的终结，而是标志着更艰巨的新的征程的开始。

从泥腿子到外交官

1950年初，天气特别冷，父亲来北京报到，就带了两名警卫员。父亲除了去周总理处接受任务外，还多次去毛主席那儿谈话。记得一次父亲回来后带我们全家去天安门及隆福寺一带游玩，父亲一路上都在想着毛主席的教导。

主席在战争年代就称我父亲"小老乡"、"伢子"。父亲见到主席时的心绪，一下子就被主席揭穿了，说："小老乡，怎么想不通，怕啦？"父亲马上坦白："主席，你看我是个泥腿子，如何去外国与洋人打交道？"主席看了看父亲说："你这个伢子，天不怕地不怕，洋人有什么可怕？谁规定的共产党人泥腿子就不能当大使、外交官，进联合国？我们不是去打枪战，而是去打口战，去交朋友，去寻求和平，为什么泥腿子就不行？要在国际舞台上寻求新中国的立足之地，是建设新中国的重要任务，你个泥腿子没这个胆？那我毛泽东看错人了。"一番话说得父亲立正行军礼，向主席报告："保证完成任务！"主席笑了："对头！耿猛子又回来了。"

一路上，父亲给我们讲了很多北京的故事：隆福寺是怎么回事，东四牌楼是哪年建的，护国寺是哪个朝代、为什么建的……听得我们如痴如醉。我心想，父亲怎么懂那么多，他每天打仗这些又是从哪儿学的？他不断地说，并要我们记着：这是我们中国老祖宗的聪明才智，是给后人的福祉。你们长大了，要学习这些都是中国人几千年积累的经验和中国人自己的科学与哲学。

1956 年初，毛主席和周总理命父亲和韩念龙大使对调，他到巴基斯坦当大使，而韩念龙到瑞典当大使。在北欧六年的父亲，以最快的速度交接了工作。总理在给父亲交代任务及听取汇报时说："六年北欧工作很扎实，为我国与北欧的关系打下了坚实的工作基础，我们的武将学会了文攻了。"

第二天，毛主席给父亲交代任务。一见面，主席就高兴地拉着父亲坐下，开口就说："你这个泥腿子胆子很大，还发挥创造力，创造了驻外大使自己开车逛街的先例。这个行为你是世界第一，好！我们新中国的大使就是不一样。"父亲站起来给主席行了个军礼，就说："谢谢主席。"主席拿着烟做了个叫他坐下的手势，又说："小老乡啊，你在北欧的工作做得好，对我们在朝鲜作战的志愿军帮助很大。别的不说，就只一件，有关细菌战的事，你给美国佬当头一棒！"（这里我要说明一下：1952 年 1 月，美国不顾国际公法，在朝鲜进行了持续一年之久的细菌战。他们用飞机投撒和大炮射布的方法向半岛北半部以及中国东北一些地区投撒携带细菌和病毒的老鼠、兔子、苍蝇、昆虫及杂物。我父亲作为一名中国军人，一定要揭穿美国人的恶毒行为。为此他在斯德哥尔摩市拜访了医学博士

1956年12月周恩来总理首次访问巴基斯坦期间，与巴总统伊斯坎德尔·米尔扎（前排右2）和总理苏拉瓦底（前排右1）共同出席在中国大使馆举行的答谢招待会。周总理和米尔扎总统身后正中是耿飚大使。（供图：孙宗强）

安德烈女士，后者支持正义，亲自去朝鲜搜集证据。回来后，她发表了调查报告，用她亲手收集的第一手证据剥开了西方"民主和人道"的外衣。西方媒体大量转载，影响很大。）

随后，主席话头一转，问父亲："这次把你调回来可是我的主意，是要你从冰窟到火炉里去噢！这个火炉是我们的西南大门，你要守好。做好安定四邻的工作，对我们很重要，邻居处好了，对我们国家建设很重要。巴基斯坦与中国有千年以上的历史交往，他们对中国很友好，你过去后除了安定四邻的方针外，要把我们与巴基斯坦的国界划好，亲兄弟明算账。西南门口战略位置很重要，你是军人不用我多说。"父亲说："主席，你放心，保证完成任务！"

父辈们就是这样从接受任务到完美地完成任务的。他们用几十年的浴血奋斗解放了全中国，建立了新中国，也就像在中华大地上用鲜血和心力栽种了一棵高大的树，使四万万中国人民在这棵大树下建设新的美丽家园。为保卫这个新建的家园，还要做好安定四邻的工作，由他们亲自在新中国的周边"植树造林"，形成绿色保护带。

扎根友谊

巴基斯坦位于南亚次大陆西北，本是英国殖民地，为英属印度的一部分。第二次世界大战后，亚洲的一些殖民地陆续摆脱其宗主国的殖民统治而宣告独立。1947年8月中旬，实行分治的巴基斯坦和印度同时挣脱殖民锁链，成为独立国家。刚独立的巴基斯坦，是英联邦的自治领，其国家元首为总督，由英国国王任命。1951年，中国和巴基斯坦建立外交关系，派出的第一任驻巴基斯坦大使是韩念龙。到1956年初，巴基斯坦决定废除自治领制，成立巴基斯坦伊斯兰共和国，由选举产生国家元首。这一举动是巴基斯坦的重大事件，也是该国政治中的一个转折点。

由于巴基斯坦的东北部与中国毗邻，所以周总理才强调"安定四邻"为当时外交之重要任务，睦邻政策是中国的重要国策。总理同时指出："巴基斯坦参加了东南亚条约和巴格达条约组织，但它并不敌视我们国家，而且有着和我国交往的良好愿望，这就为我们两国建立友好关系提供了基础。只要我们按着万隆亚非会议的精神及在会议上通过的十项原则来处理两国之间的问题和关系，中巴友谊一定能得到发展。认识上的分歧可以求同存异，如有历史遗留问题，可以通过和平协商互谅互让地妥善解决。"因此，中国派去参加巴基斯坦总统就职典礼的特使就是一位高级别的官员——国务院副总理贺龙元帅。这个消息对巴基斯坦来说是一份惊喜——中国的特使是一位久经沙场的元帅。

1978年6月，耿飚副总理率中国代表团访问巴基斯坦，巴首席执行官齐亚·哈克将军在机场陪同出席欢迎仪式。

　　即将就任巴基斯坦总统的米尔扎总督兴奋之余，要求接见还未正式递交国书的新任中国大使——我的父亲耿飚。这是破例的接见，也使父亲看到巴基斯坦对中国政府及其代表的重视。接见时，米尔扎总督对父亲说："贺龙副总理是著名的元帅，中国政府派遣这样高级别的领导人来参加庆典，是对巴基斯坦的尊重和友好，我对此深表谢意。"这次是破格会面，米尔扎总督的兴趣大增，以至会见时间超长。他对中国工农红军长征的兴趣浓得像个孩子，一连串地提问，要求父亲给他讲长征的故事，问四渡赤水如何要一条江来回渡，以及战役的细节，等等。听完，他深情地说："你是长征中的英雄，是一位名副其实的将军。等贺龙元帅来巴后，我们三个军人去打猎，打猎是军人最好的体育运动。"他还对这个破例接见的将军大使说："我欢迎耿将军出使我国，以后大使有什么困难和问题，无论白天黑夜，任何时候都可以找我，我都愿意接见，帮你解决。"

　　友谊就这样开始生根。心的交往是永恒的，米尔扎用真心真情认同中国和中国政府，父亲用真心和诚恳对待巴总统。心和心相见，心和心相贴，中国到巴基斯坦是寻求和平、寻求友谊的。后来，周总理访问巴基斯坦，中巴建立了深厚的友谊，一直到今天成了好邻居、好朋友、好兄弟、好伙伴，祖国西大门的友谊之树一代一代延续、成长、壮大，如今已成为雄伟的参天大树。

2011年秋末，我带领中国华夏文化遗产基金会代表团访巴，正值中国与巴基斯坦建立外交关系60周年之际。时任中国驻巴大使刘健、武官王吉良都为我们访问的成功做了很多工作。

我们一行是40多人组成的文化交流团。代表团受到巴基斯坦高规格的接待。由于当时巴国内安全形势欠佳，为保证我们的安全，巴方派出部队荷枪实弹地为我们警卫，一周多时间里从无间断。当时我就想，我们的这个兄弟帮助中国守护西大门几十年如一日，为了这份兄弟情谊，我们该做点什么呢？

当年的前辈们，用心去对待这份友情，心与心的互通建立起了牢不可破的友谊之根；今天的我们，应该用点儿心，出点儿力，为祖国的西大门加新瓦、砌新砖，让我们的铁杆真朋友更富强、更幸福。

心里驻着天安门

父亲牢记着毛主席又一次的接见，那是在中国共产党第八次全国代表大会期间。有几位驻外大使应邀出席大会，父亲当时任驻巴基斯坦大使刚过半年，也应邀回国出席。毛主席在中南海游泳池接见他，老人家游了几圈后，上来邀父亲共进早餐。主席的早餐很简单，一碗面条、两碟小菜，其中有他最爱吃的青辣椒，在火上烤一下，蘸着盐吃的。

毛主席一边给我父亲夹菜一边说："你和韩念龙一个是冷处理，一个是热处理，好得很。"马上又转话题："你在国外知不知道国内情况？"父亲告诉主席："知道一些，外交部每月给使馆来通报，但内容可能不全面。"主席说："噢，知道就好。那你说说，近来国内经济建设方面有些什么重要事情啊？"父亲就讲了关于生产资料所有制的社会主义改造基本完成、经济建设有较大发展等。但主席说："不仅要看到顺利的一面，还要看到困难的一面。"

　　主席神情庄重地放下筷子，接着说："今天我找你来，就是要谈这个问题。我们进行经济建设，主要靠自力更生，但也要争取外援，也要和别国有经济贸易往来。因此，我们要想尽办法打破帝国主义的经济封锁。在这个方面，你这个驻巴基斯坦大使要起作用啊！"当时父亲马上说："巴基斯坦的地理位置很重要，这体现在两方面，一方面：联结西亚和南亚，因此，帝国主义把它作为对我国实行军事包围的重要环节，而中巴友好则有助于打破这个反华军事圈……"父亲是军人，也曾是很多战役的指挥官，他心里清楚，巴基斯坦的西部地区与西亚相连，而其东部地区（当时称东巴，现在的孟加拉国）靠近东亚，所以，上世纪 50 年代中期美国在拼凑针对新中国的军事包围圈时，便选中了巴基斯坦这个联结中东和东南亚的南亚国家，作为构成其军事锁链的重要一环。

　　1954 年 9 月 8 日，在美国的策动和组织下，美国、英国、法国、澳大利亚、新西兰、菲律宾、泰国和巴基斯坦八国代表在菲律宾的马尼拉开会，讨论订立军事同盟条约的问题。按美国的解释，订立该条约的目的之一是"抵抗共产党的侵略"，这就暴露了其反对新中国的实质。各缔约国成立了"东南亚条约组织"，该条约于 1955 年 2 月 19 日生效。

同样，1955年2月，伊拉克和土耳其在巴格达签订了《伊拉克和土耳其间互助合作合约》即"巴格达条约"，英国、巴基斯坦、伊朗随后也加入了该条约组织。美国虽然是观察员的身份，但是已控制了该组织。以上两个组织通过巴基斯坦连接起来，形成了新型的反华军事包围圈。

但在1955年4月举行的亚非会议（即万隆会议）上，周恩来总理以微笑、坦诚、和解以及寻求和平、友谊、团结、合作的真挚愿望，赢得了很多国家的赞誉和尊敬，消除了很多国家对中国的疑虑和误解，再加上中巴友谊的牢固发展，重重地砍了以上两个条约一刀。后来，周总理与父亲详细恳谈和研究了中巴之间的交通问题，这才有了后来打开中国西大门的中巴航线和中巴公路，更加深了两国友谊。而这，也是毛主席要让他这个驻巴基斯坦大使"起作用"的意图所在。

父亲是个说干就干的人，他从来不在不相干的事情上浪费时间。打开西大门，就要推动两国的民航、交通部门建立中巴航线。为此，父亲多次拜访巴基斯坦领导人，得到了米尔扎总统的赞同，从而拉开了建立中巴航线和建设中巴公路的序幕。父亲1959年离巴后，后继的巴基斯坦总统阿尤布·汗也积极支持建立中巴航线和建设中巴公路。这两条线为中国打开了西大门，成为中国通向中东、欧洲和非洲的国际通道。

但建设中巴公路是何等的艰难啊！中国新疆和克什米尔的巴基斯坦实际控制区之间的边境地带，海拔数千米的喀喇昆仑山脉从西北向东南绵延数百公里，是个天然屏障，仅在喀喇昆仑山脉北段有山口可通行。古代的丝绸之路，就是通过这些山口把中国和西亚及欧洲联系起来。

经过一系列的测量、勘探、设计，中巴双方决定就在这个雪山高原区经过红其拉甫山口建设公路。两国建设者与风斗，

1978 年 6 月 18 日，中巴公路二期工程竣工典礼在塔科特大桥举行，巴首席执行官齐亚·哈克将军和中国国务院副总理耿飚出席剪彩仪式。

与沙斗，与恶劣的高原气候斗，历经 12 年的艰苦努力，终于在世界屋脊上架起了这座联结中巴两国的"友谊之桥"。

特别值得一提的是，1978 年，应巴基斯坦政府的邀请，中国政府派我父亲作为特使出席中巴公路全线竣工典礼，他和巴基斯坦首席执行官齐亚·哈克将军一起为公路剪了彩。巴基斯坦政府还给父亲授了勋，并邀请他在首都伊斯兰堡的友谊山上亲手植下一棵友谊树。本来，能到友谊山植友谊树的，只有国家元首和政府首脑级的贵宾。我父亲当时是副总理，巴基斯坦这样做，是因父亲为中巴友谊作出的重要贡献而给予的特殊礼遇。

父亲出使巴基斯坦三年多，所做的一切都是巴人民亲眼目睹的。巴遇天灾粮荒，美国援助的粮食袋上印着"美国援助"，而中国的粮袋上只印"中国"二字，这也是巴人民乐道之事。

父亲在巴的故事太多，我不一一述说，只感到我们的前辈们为后代造福之多、之深，不胜枚举。真乃是，饮其流而思其源，学其成而念吾师。先辈们用鲜血和青春换得了子孙后代的福。

记得在 1956 年底，周总理和贺龙副总理率领中国政府代表团访问了越南、柬埔寨、印度、缅甸和巴基斯坦五个邻国。

代表团在巴基斯坦停留了 10 天，从 12 月 20 日到 30 日，到机场的欢迎人群就有十万之众。父亲是湖南人，酷爱竹子，在访问的最后一天，他在达卡发现这里的竹子长势非常好，而且竟是楠竹，坚挺向上，很有象征意义。据说这个竹子长在东巴，西巴地区没有见过，他突发奇想，决定买回一些种在使馆。他向卖竹人详细了解了种植方法，把四段楠竹带回卡拉奇，按种竹人指点的方法种到使馆院子里，结果竟长成了一片小竹林。他选了一棵最粗的刻上字，作为周总理访问巴基斯坦的纪念。1978 年，父亲在出席中巴公路竣工大典后重返卡拉奇，在卡拉奇总领馆内重睹了这片竹林。他扶竹追思一代代中国共产党人为守护中巴友谊所做的工作，更回顾了周总理的丰功伟绩。

2011 年，我在巴基斯坦访问时专门去追寻父亲留下的印记。在伊斯兰堡友谊山上，我看了他和几乎所有中国领导人亲手栽下的树，看着这些树，感觉就像前辈们列队站立，是他们的灵魂在列队为新中国站岗。我们又去卡拉奇寻访原来的使馆所在地，仔细看了那片竹林，我妹妹发现了父亲的刻字。我们挖了两棵竹苗带回中国，想让它在中国生根发芽，茁壮成长。现在，我们正精心培育着。

这就是传承，不同时代有不同的内容，不同时代有不同的战略含义。先辈们用心血给我们培育了友谊之树，为中国的后来人挡风遮雨，保证了子孙后代的幸福生活。这棵大树是友谊之树、精神之树、永固之树，我们有责任保护它，延续它，使它永远根深叶茂，荫庇后人。

耿莹

（中国国务院原副总理耿飚之女，华夏文化遗产基金会理事长、
中巴友好协会副会长）

巴基斯坦——中国的铁哥们儿

多年来，我曾因公务访问过亚非、欧美、澳新等30多个国家，但没有哪个国家能有巴基斯坦那样亲、那样真，没有哪个国家能有巴基斯坦那样使我魂牵梦绕，直视为第二故乡的了。我曾三访巴基斯坦，加起来在那里待了四年多的时光。塔克西拉、瓦赫坎特、密扬丹姆等南亚名镇的青石板路印满了我的足迹，我一生最为精彩的青春回忆不少也留在了巴基斯坦。

我忘不了卡拉奇阿拉伯海上的碧波；

我忘不了拉合尔那高耸入云的独立塔；

我忘不了旁遮普塔贝拉水坝的雄浑；

我忘不了斯瓦特山谷旖旎的山光水色；

我忘不了阻拒亚历山大铁骑的塔克西拉；

我忘不了似蜜甜、比乳浓的中巴友谊……

巴铁，令人魂牵梦绕的亲兄弟

巴基斯坦是一个令人着迷的国度。在先后八年的岁月里，我曾在正式场合参与陪同李先念、刘华清、田纪云、张积慧等会见过老布托总理、齐亚·哈克总统等许多高级官员，见过尚在念书的巴基斯坦前总理、号称"铁蝴蝶"的贝娜齐尔·布托，见过玛格拉部落的大酋长，见过旁遮普的工友农夫，也见过兴都库什山脉剽悍的帕坦族山民。

巴基斯坦位于中国的西南方，东北部与中国新疆毗邻，东接印度，西邻阿富汗和伊朗，南部濒临浩瀚的阿拉伯海。这里地处亚热带季风气候带，森林茂密，沃野千里，物产丰富，花香四季。最奇特的要属这里的植物了，只要是还没死，随便往土里一插好像就能活，就连茉莉花也是重瓣的，像袖珍牡丹似的。巴基斯坦意为"清真之国"，百分之九十五以上的居民信奉伊斯兰教。巴基斯坦原是英属印度的一部分，1947年6月英国公布了"蒙巴顿方案"，实行印巴分治，同年8月14日巴基斯坦宣布独立。

20世纪60年代后，巴基斯坦历届政府积极奉行对华友好政策，坚持在联大推动恢复中国在联合国的合法席位，曾出色地协助李宗仁先生过境回归祖国。1971年7月8日，美国总统国家安全事务助理基辛格在巴基斯坦政府的巧妙安排下，佯装"贵体染恙"，其车队大张旗鼓地驶往避暑胜地穆里山，他自己却在夜里暗度陈仓，登上一架波音专机开始了对中国的传奇般的访问。消息公布以后，整个国际社会为之大哗，一些政治家惊呼"一觉醒来发现整个世界变了样"。从此中美关系揭开了崭新的篇章。周恩来总理曾在各种场合对美国政府提到："可别忘了我们两国关系开始正常化的桥梁巴基斯坦啊。"

是的，可别忘记了巴基斯坦。

当年，我挥手告别到北京机场为我们送行的巴基斯坦驻华使馆武官和兵器工业部外事局的领导，搭乘巴航班机开始了首次巴基斯坦之行。七个小时后，班机稳稳地降落在伊斯兰堡机场。前来机场迎接的中国使馆秘书老张正巧是我大学的高年级校友，"他乡遇故知"，此亦人间一大乐事。在机场大厅的短暂交谈中，张先生对我说：巴基斯坦是非常友好的国家，到了这里就像到了友谊的海洋。无论走到哪里，只要说是中国人，就会受到礼遇和尊敬。

我以后的亲身经历证明，此话不虚。

无论是在风景如画的纳萨尔嘎里，还是在雪山皑皑的喀喇

陈若雷在巴基斯坦纳萨尔嘎里风景区。

昆仑山区，只要凭一副黑眼睛、黑头发、黄皮肤的脸孔，中国人就可以在山民家里享用热腾腾的奶茶和外酥里软的乔巴迪（一种烤面饼），这在当年绝不是浪得虚言。中巴两国人民超越意识形态和宗教，经过半个多世纪血与火的考验，确确实实成了全天候的朋友和兄弟。这一点，我在巴基斯坦塔克西拉度过的1000多个日日夜夜里，确实是感同身受啊！在现今世界政治版图上，巴基斯坦地处战略要冲，对中国西部疆土的安危真可谓是生死攸关。

只有巴基斯坦，支持建立中巴经济走廊，使我们今后有可能不再完全依赖波诡云谲的马六甲海峡海上运输通道；

只有巴基斯坦，会在70年代手把手地教我们驾驶"三叉戟"等高性能大型飞机；

只有巴基斯坦，会与我们合作研制开发"枭龙"战机等顶尖国防系列利器；

只有巴基斯坦，肯动员全国战略后备资源，在四川的抗震救灾中帮死忙、下死力……

我时常遥望着西部连绵的云山，真诚地为巴基斯坦兄弟们的国运昌盛、人民幸福而默默地祈祷上苍，眼前一一掠过我那些巴基斯坦铁哥们年轻的面庞：塔巴松、拉希德、奥克拉姆、伊斯哈克……

我的巴基斯坦兄弟库希德

我曾先后在巴基斯坦住过四年多，先是在塔克西拉重型坦克厂，后来在离拉瓦尔品第不远的瓦赫兵工总厂510项目军工专家组。其间，结识了不少巴铁朋友，拉赫曼—库希德就是其中的一位。

P781 专家组全体人员在瓦赫厂。（后排右2为陈若雷）

拉赫曼—库希德浓眉大眼，潇洒奔放，当年正近而立之年，从拉合尔大学机械制造学院毕业后，又被公派来中国学过一年中文。他的肤色是南亚次大陆少见的白皙，一看就知道是来自斯瓦特的山地人。

记得他刚从北京学习回来不久，有一天用中文对我说："诺尔曼，我中午吃了一只鸡，鸡的年龄很大，吃过以后，我的牙齿好累啊。"他说的就是这种要把人笑翻的中文。

那年春天，与库希德一起去下料工段看下料，我觉得工人挥锤下料的力度不高不低正合适，便操着一口生涩的乌尔都语连连夸他："梯克（好）！梯克！"谁知工人以为我说他用力不够或打得不好，他猛地用大力，结果坏了事。

那年夏天，我与库希德一起去伊斯兰堡机场迎接来访的田纪云副总理。我们在停机坪上等候，一边谈着莫卧儿王朝的旧事，一边远望着夏克巴利安山腰那片原生态密林。我的目力只能见到堆砌的苍翠，而他竟然能隐隐约约看到在枝叶间跳跃的猴群，令我好一阵羡慕。

陈若雷与巴方瓦赫
P781项目总经理库希
德（左）

那年秋天，巴官方安排库希德等官员陪同我们去穆里山和纳萨尔嘎里风景区小住。路途五个小时，那盘邓丽君专辑就一直没有换过，让专家们听得如痴如醉。库希德说这是专门为中国专家准备的，因为那时国内还不允许听，当然，库希德本人也是特蕾莎·邓（邓丽君的英文名）的歌迷。纳萨尔嘎里盘旋的山路幽幽，兴都库什的群峰冰雪熠熠闪光，穆里的原始大森林一望无涯，都在回荡着邓丽君天籁般的歌声。

那年冬天，伊斯兰堡和瓦赫地区罕见地下了一场大雪，玉龙飞舞，银装素裹，青黛悠悠的马格拉山脉变成白雪皑皑的冰峰，巴铁们欣喜若狂，拉瓦尔湖畔、瓦赫密林，全是奔走相庆的人流。这时，库希德与他的女友佳丝敏小姐驾着红色菲亚特来到专家驻地，盛情邀请我们去雪原兜风。我们一路高喊着"吉维巴基斯坦"（巴基斯坦万岁），闯进了风雪之中……

如今，多年岁月流逝，听说库希德已经是一家大企业的技术总监了。

库希德，我的巴铁，祝你好人一生平安！

中国专家组与巴方军
代表合影。（左1为
陈若雷）

陈若雷 1983 年在瓦赫
与塔巴松（现为瓦赫
董事局成员）合影。

喀喇昆仑公路巡礼

冰峰巍峨，怪石嶙峋，急流溅珠，陡壁如削。

在帕米尔、喀喇昆仑和兴都库什三大山脉的结合部，一条神奇的公路在重峦叠嶂间起伏跌宕，如插翅的猛虎，穿幽谷，越深涧，气势磅礴，一往无前。这就是举世闻名的喀喇昆仑公路，像梦一样飘逸，像金子般闪烁。它唤醒了冰川千年的沉睡，它编织着丝绸之路新的传奇。

这也是一条凝结着中国—巴基斯坦兄弟情谊的路。

1980 年仲夏，我们中国专家组与几位巴方军人乘坐军用吉普，从吉尔吉特切上喀喇昆仑公路。这条公路是沿着丝绸之路的南支线修筑的，起点在新疆的喀什，经红其拉甫山口（平均海拔近 5000 米）进入巴基斯坦后穿洪扎，进吉尔吉特与奔腾的印度河并行，可以到哈维里昂。喀喇昆仑公路在巴境内长 880 多公里，在哈维里昂衔接上通往伊斯兰堡的高

速公路。公路为碎石水泥路面，宽约 20 米，沿途大型桥涵达 100 多座，中巴两国政府动员了十几万工程兵部队和民工，耗时十多年方才合作建成。

我们的越野车在喀喇昆仑公路上疾驰，山从人面起，云傍车头生，一路高峡深谷，开凿的艰辛可想而知。突然，车停住了。拉希德准将领着我走到路旁一个高约三公尺的石碑前，碑上赫然刻着几行英语大字："此点距北京 6500 公里，距卡拉奇 2500 公里。"

不远的山脊上屹立着一座烈士陵园，园内林木葱郁，芳草萋萋，数十座坟茔依次排列。我在墓碑间仔细辨别，除巴方的外，共有 17 名中国工程兵战士长眠于此。拉希德准将和库洛西德上校感慨地说："为修建这条公路，我们两国共伤亡了近千名士兵，中国士兵就有近 200 人，他们都是值得永远崇敬的英雄啊。"

机灵的巴基斯坦司机、陆军中尉弗洛扎已用松柏和山花扎成了两个花环，递给了我们和拉希德准将。我们肩并着肩，诚挚地把花环摆在烈士墓碑之下，寄我们的哀思于九泉，以清水为酒祭奠英魂。此时，我不禁想起了一桩往事：

80 年代末，我在瓦赫兵工厂工作，与我共事两年多的巴陆军少校阿米尔亲口告诉我一件他毕生难忘的事情：几年前，阿米尔少校曾率巴工程兵部队在喀喇昆仑公路施工，一天晚上突然发生强烈地震，工区山摇地动，房屋倒塌，死伤惨重。阿米尔少校被埋在钻砖石下面，顿时昏迷过去。他在医院里苏醒过来后，护士告诉他说，他是被 9 名中国工程兵战士用手拼命地从废墟中救出来的，送他到医院时，中国工程兵战士身上伤痕累累，十指鲜血长流。

几年过去了，阿米尔少校一天都没有忘记这件事。他很想

陈若雷（左2）与巴方POF军工代表团在成都。

知道救他的9位中国工程兵的姓名，以便当面致谢。他到处打听，甚至去了几趟中国大使馆。然而，由于人员调动频繁，边远山区信息不灵便，查找非常困难，这件事只能成为中巴友谊的一段佳话。

几年后，我重访巴基斯坦，在卡拉奇陆军学院的一次庆典招待会上，意外地又见到了当年的阿米尔少校，他已经晋升为陆军少将。老友重逢，欣喜万分，拥抱久久，胜似亲人。言谈之中，阿米尔仍然深深地怀念那几个救过他的中国工程兵。阿米尔将军的经历正是中巴全天候友谊的最好佐证。

陈若雷

（中国前驻巴基斯坦P711 & P781项目专家组首席翻译）

弥足珍贵的记忆

中国和巴基斯坦是山水相连的友好邻邦，两国之间存在着全天候全方位的战略合作关系，两国人民一贯相互同情、相互支持，结成了深厚的情谊。我从留学生到大使，在巴工作、学习、生活了20多年，经历的友好事例不胜枚举，从中深深体会到了巴基斯坦人民对中国人民怀有的深情厚谊。下面，我就列举五则故事，说明巴基斯坦是一个诗礼之邦，中巴友谊是何等深厚、何等深入人心。

我和清真之国的诗缘

巴基斯坦国名的意思是"清真之国"。我在巴基斯坦学习、工作的过程中，深感清真之国的人酷爱诗歌，把巴基斯坦称为"诗国"是不过分的。

我在卡拉奇大学学习时学了一些乌尔都文诗歌，并从此爱上了乌尔都文诗歌。乌尔都文诗歌很发达，历史上曾产生过不少深受人民喜爱的诗人，他们的许多诗句脍炙人口，常被人们在言谈中引用或演唱。巴基斯坦立国思想的倡导者、倍受巴人民推崇的大诗人伊克巴尔的有关中国的诗句"沉睡的中国人啊，已在觉醒；喜马拉雅山的源泉啊，就要沸腾"更是几乎家喻户晓，为巴朋友津津乐道。我已记不清楚曾有多少人对我朗诵过这句诗。巴人民为这句诗而骄傲，他们说，这句诗表明，在上世纪30年代，他们的先贤就已经预见到：中国人民就要站起来了。

巴基斯坦常常举办诗歌演唱会，在过去没有广播、电视的时代，诗会更是最主要的文娱形式。诗会常常很热闹，一句妙诗念出或者唱出，台下观众立即一边摇头（巴基斯坦人以摇头表示赞赏），一边兴奋地高喊"哇哇哇"、"赞美真主，赞美真主"、"再来一遍，再来一遍"。

巴朋友常能背诵许多诗句。1999 年我就任大使后，去拉合尔礼访旁遮普省首席部长谢巴兹·谢里夫（现总理纳瓦兹·谢里夫的弟弟，现仍任该省首席部长）。他设午宴款待我，并请拉合尔巴中友协主席蒙塔兹等人作陪。宴会交谈过程中，他一句接一句甚至一段接一段地朗诵乌尔都文诗歌，他对乌尔都文诗歌的热爱和熟稔使我感到惊异。不久后，我在伊斯兰堡回请他和他的家人，他同样念了不少诗歌。

我出任驻巴大使之后，一次回访母校卡拉奇大学，受到时任副校长（实为校长，因巴大学的校长名义上都由总统或省督兼任）的热情欢迎。在为我举行的宴会上，他邀请了包括我的老师在内的不少客人朗诵诗歌，把宴会办成了一场小型诗会。

有一次，我去拜访巴新任外长阿布杜尔·萨塔尔。在他多年前任外交部辅秘时，我曾许多次陪大使去见他，并为他们当翻译，因此我们早就认识。他见到我，开口就是一句古代诗人绍格的乌尔都文名诗："见到老朋友，赛过会神仙。"他用这句诗来表达对我的欢迎。

我因为懂乌尔都语，对文学也有较浓的兴趣，所以无论在巴任参赞还是大使，一些文学组织的活动，像诗会等，常邀请我参加，有时还请我讲话和朗诵诗歌。起初，我念一些名诗人如伊克巴尔的诗句，后来我竟班门弄斧，自己也做起乌尔都文诗来。我的一句用"厄扎尔"形式写的讽刺美国等西方国家利用人权问题干涉中巴两国内政的诗句——"自己的庭院并不干净，干嘛无端去打扫别人家的屋子？"竟在一定范围内流传开来。

陆树林大使在庆祝中巴建交 50 周年诗会上朗诵诗歌。坐者右起：巴外交部长萨塔尔、诗人法拉兹、内政部长海德尔、驻华大使霍哈尔。

2001年是中巴建交50周年，两国都举行许多活动隆重庆祝。我想到巴前驻华大使扎基先生曾多次在北京举行诗会，邀请中国乌尔都语界朋友参加，我也多次应邀出席并朗诵过诗歌，于是便突发奇想，想举办一场诗会来歌颂中巴友谊。我先把这一想法对萨塔尔外长和巴文学院院长阿里夫说了，他们立即表示完全支持。5月8日，在巴文学院的大力支持下，诗会在使馆顺利举行，除外长萨塔尔、内政部长海德尔作为主宾出席外，巴时任驻华大使霍哈尔闻讯也主动赶来参加，20余名巴著名诗人和我馆几位懂乌尔都语的同志朗诵了自己的诗作。我自己除了讲话外，也朗诵了两首较长的诗。诗会开得很成功，巴媒体作了广泛报道，有的报纸还登载了我在会上朗诵的诗。有报纸评论说，这是外国使节第一次在巴举行这样的活动，很有意义。巴文学院还把在诗会上朗诵的诗编辑出版了一本诗集。我离任回国时，有一位巴朋友还把我登在报上的诗用精美

的镜框框好，作为礼物赠送给我。

　　由于常出席一些文学性的活动并朗诵自己写的乌尔都文诗歌，我在巴基斯坦还得了一个诗人的美名，有时自己也感到很好笑和有趣。我虽然从小对诗歌感兴趣，但过去只在黑板报、墙报、校刊上发表过诗作。在国外长期工作的过程中，虽也写过一些诗，但都是为了抒怀和励志，没想拿到报刊上去发表，因此我在国内没有诗名。因为学了外文和工作的需要，我不仅成了外交官，也在不经意中在国外成了"诗人"，这是我始料未及的。当然，我心里十分清楚，我在国外被称为"诗人"，不是我的外文诗真写得好，而是因为驻在国的人民对我用他们的语文写诗的尊重和厚爱。

　　我这里也想特别提到的是，我同巴基斯坦两任总统塔拉尔和穆沙拉夫的友谊，除了工作上的原因之外，在一定程度上也有"诗交"的意味。

　　外国使节向巴总统递交国书，一般都使用英语。然而在我向塔拉尔总统递交国书时，他一开口就用乌尔都语对我说："我知道阁下能讲我们的国语，因此我今天不用英语而用乌尔都语同阁下谈话。"我们除了国书递交仪式上的"规定动作"外，还亲切而愉快地谈及诗歌、语言、文化和历史等话题，以至谈话远远超出一般这种仪式所需要的时间。

　　塔拉尔总统酷爱诗歌，他在接见中国代表团时，喜欢引用乌尔都文诗句来表达对中国人民的深情厚谊。此时，他就面朝向我，意思是要我帮他翻译。记得他多次引用这样一句诗："朋友的美好形象，就在我心的明镜之中，稍一低头，就能看见。"他引了这句诗后总还说："中国朋友就是我们心中这样的朋友。"当我把诗句译成中文而在场的中国客人反应热烈时，他会很高兴，有时还会说："这说明大使阁下把我的意思全翻

穆沙拉夫总统给陆树林大使授勋。

译出来了。"在一次接见中国一青年代表团时，他还引用过伊克巴尔"我热爱敢上九天揽月的青年"的诗句，也受到好评。塔拉尔总统见到我时，总用乌尔都语谈话，有时还会风趣地问一句："你的乌尔都文诗怎么样啦？"

我同穆沙拉夫总统的"诗交"始于上面已提及的那句诗。1999 年 5 月，还是陆军参谋长的穆沙拉夫应邀访华，我为他设宴饯行。宴会上，谈及美国等西方国家用人权问题干涉别国内政时，我念了我写的那句"厄扎尔"形式的讽刺诗。穆沙拉夫听后立即大加称赞，连说这句诗写得好，并也跟着念了一遍。想不到他竟把这句诗记住了。2000 年 7 月，唐家璇外长访巴，当时已任巴首席执行官的穆沙拉夫会见并宴请。宴会上，他向唐外长提及我的那句诗，并要我翻译给唐外长听，唐外长听后说："这句话的意思不错。"

2002 年 3 月 23 日，巴基斯坦国庆节，按惯例，由总统为各方面有贡献人士授勋。为表彰我长期为中巴友好所做的工作，巴政府也决定授予我"巴基斯坦新月勋章"。穆沙拉夫总统一边把勋章挂在我的胸前，一边讲了不少感谢我的话，最后还加了一句："也感谢你热爱我们的语言，并用我们的语言写诗。"

3 月底，我向总统作辞行拜会时，将上面说到的关于诗会的书赠送给他留作纪念，并告他，上面有我写的两首诗。他高兴地说："太好了，这本书我一定珍藏。"

2003 年，穆沙拉夫总统再次访华，我作为退休大使，应外交部邀请出席欢迎宴会。宴会结束后他看到我，立即向我走来，一边同我拥抱，一边在我耳边悄悄地说："我前几天还读过你的诗呢。"我后来想，也许他把我赠送给他的那本诗集一直放在案头了吧。他的深情使我感动不已。

2009 年 4 月，已不再担任总统的穆沙拉夫应中国外交学会之邀再次访华，我应邀出席欢迎宴会，在会上他还再次提到了我的诗。

从上面的事实中可以看出，巴基斯坦这个清真之国真是诗礼之邦。受诗礼之邦氛围的感染，我对诗的爱好更强烈了。我的一首题为"再见吧，巴基斯坦"的乌尔都文诗，有一句就是：你诗一样的语言，也使我充满诗意。2011 年，外交部成立老外交官诗社时，我毫不犹豫地欣然加入了，并且从此开始正式在国内发表诗歌。

一直亮到年底的灯彩

2001 年是中巴建交 50 周年，巴政府、军队和民间团体都举行了热烈隆重、丰富多彩的庆祝活动，给我留下了不可磨灭的印象。

一天，我应邀出席巴军方举行的庆祝活动，和时任首席执行官并兼任陆军参谋长的穆沙拉夫将军一起做主宾，巴军方主要首长、中国使馆武官和其他主要外交官夫妇也应邀出席。庆祝活动是在三军情报局的花园内进行的。我一进活动场地，就有一种特别欢乐的感觉。很显然，场地是经过精心设计和布置的，美丽而隆重，两国国旗并排悬挂着，还有许多体现中巴友谊的彩带、彩花、彩灯点缀。连餐桌上用布织成的桌花都是一半中国国旗的红色、一半巴基斯坦国旗的绿色。艺术家演出的是赞颂巴中友好的歌曲和民乐，气氛热烈、祥和。

令我更没有想到的是，在宴会进行的过程中，主持人突然站起来宣布：现在请穆沙拉夫首席执行官和中国大使一起为一个工程竣工揭幕。我听后感到十分纳闷：这里是花园，除了许多圆餐桌和四周的树木花草之外，并没有什么工程呀。我站起来同穆沙拉夫一起，被主持人请到一张方桌旁，主持人掀开桌上的盖布，然后请我们分别同时按下两个按钮。就在按下按钮时，我感到眼前一亮，然后身后爆发出热烈的欢呼声和掌声。我抬头一看，前面几百米外马尔格拉山的半边山坡都亮了，用灯光组成的巨大的"巴中友好50年"的英文字赫然在目。此时，我的疑惑也迎刃而解了，原来巴基斯坦朋友别出心裁地想出以这种独特而又隆重的方式庆祝巴中建交50周年，以表达对巴中友好的珍视和对中国人民的深情厚谊。我想，这在巴基斯坦恐怕也是史无前例的。

后来，这一灯彩每晚都亮，一直到那年年底才熄灭。从那天以后，我晚上出门参加活动，汽车开出使馆不久，远远地看见山坡上的英文大字，心里就很感动，也为中巴友谊感到无比骄傲。

一位热爱中国的小姑娘

2001年的一天，一位巴基斯坦人从巴中部城市费萨拉巴德给我打电话，他说："非常抱歉打扰您，但我没有办法。我的小女儿在课堂上常听老师说，中国是巴基斯坦最好的朋友，中国在巴困难的时候总帮助巴，她就提出要我带她去见中国大使。我对她说，中国大使很忙，怎么有时间见你一个小孩呢。可她总是不依，我没有办法了，只能给您打电话。"我对他说："来吧，我将很高兴见到你们。孩子是最纯真的，不能让他们失望。"

第二天，那位巴朋友开了四个多小时的车，按时赶到了使馆。我一看，原来是个只有十来岁的小姑娘，长得十分秀气和可爱。我用中国茶水和糖果招待他们，他们很高兴，讲了很多话。小女孩告诉我，她的老师常给他们讲中国在巴困难时提供帮助的故事，使她很感动。她还对我说，老师告诉他们，巴有很多朋友，但有些朋友是不真诚的，是自私自利的，而中国是巴最真诚的朋友。

小女孩临走时，我赠她一些中国出版的儿童读物和中国产的糖果，她表示很感谢，说："我回去后一定把在中国大使馆受到大使热情招待的事讲给同学听。"

这件事我后来在外交活动中多次向巴朋友提起，他们说这个故事很好，传达了我们巴基斯坦人对中国的感情。

巴基斯坦朋友为我过生日

2002 年，我在巴任职到期。回国前，很多巴朋友为我设宴饯行。巴前陆军参谋长阿斯拉姆·贝格将军同我联系稍晚一些，就排不上了，但排不上也要饯行，他只能给我安排了吃早餐。

米尔扎·阿斯拉姆·贝格将军是巴军高级将领，1988 年巴总统兼陆军参谋长齐亚·哈克因飞机失事遇难时，他是陆军副参谋长。以后，他先后任参谋长和参联会主席，成为巴军队的最高领导人。1991年退休后，组建巴国家安全与发展、国际环境研究基金会（Friends），并任主席。该会同中国多个智库建立了交流合作关系。贝格将军还经常把他写的文章寄给我参阅。他的文章写得好，很有文采，我很喜欢阅读。我也很喜欢找他交流对一些问题的看法，因而建立了深厚的友谊。

那天的早餐过程中他问我："你的生日是哪天？"事也凑巧，那天正好是我的生日，我就脱口而出："啊呀，今天不正是我的生日吗？"将军立即祝我生日快乐，然后问我下一家宴请我的是谁，我如实告诉他是前参议长瓦西姆·萨贾德。我哪里知道，他随后就悄悄打电话把那天是我生日的消息告诉了萨贾德。

我和夫人从贝格将军家回来不久，就赶去出席萨贾德的午宴。萨贾德是我的老朋友，1989年我到巴任参赞时他就是参议长；1999年我任大使时，他也是参议长。他在任参议长期间还两次代理过总统职务，我们有过许多接触和交往。他对中国十分友好。1989年6月，就在西方宣布对中国实行制裁、断绝同中国的一切高层往来时，他毅然率参议院代表团访华，用他的说法："没有别的任务，就是为了表示对中国的支持，打破西方对中国的制裁。"

我们赶到萨贾德府邸时，只见许多客人已经到场，包括早上请我吃早餐的贝格将军，以及许多老朋友，其中还有我结交几十年的老友。宴会是冷餐式的，大家自取食物，然后找一个位置坐下用餐。开始一切如常，等到开饭的时候，主人突然站起来宣布："我们高兴地获悉，今天还是我们的老朋友大使阁下的生日，因此我想给他一个惊喜，我们要为他庆祝生日。"

然后他让招待员推出一个相当大的蛋糕，并请我切这个蛋糕，这时宾主纷纷鼓掌，气氛十分热烈。此时我才恍然大悟，我在贝格将军家用早餐时无意中泄露了今天是我的生日，才有了现在这一幕！朋友们的情意和细致令我感动，于是在切蛋糕之前，我讲了这样一番话：

"我是一个不重视自己生日的人，也不庆祝自己的生日，如果今天早上贝格将军不问我的生日，我压根儿也不会记起今天是我的生日。朋友们在获悉今天是我的生日后盛情地为我过生日，是对我的厚爱，更体现了朋友们对中国人民的深情厚谊。我很感动，我的心被朋友们的情意融化了，谨向萨贾德先生，向贝格将军和在座所有朋友，表示衷心的感谢。"

这件事已过去 12 年了，因为体现了中巴两国人民之间亲人般的情谊，至今我还记忆犹新。

把一生献给中巴友谊的两位亲兄弟

在我的巴基斯坦朋友中，有两位朋友占有特殊的地位，一位是曾为中美关系解冻作过特殊贡献的阿迦·希拉利，一位是他的亲兄弟阿迦·夏希。

兄弟俩都是巴基斯坦著名的外交家，在巴基斯坦外交史上留下了浓墨重彩的篇章，被称为"巴基斯坦外交的双璧"；他们又是中国人民的老朋友，为增进中巴友谊作出过重要的贡献。我同他们都有过密切的交往，并且留下了终生难忘的记忆。

希拉利外交生涯的重要一页，就是他在任驻美国大使时参与了上世纪 70 年代初发生的后来震惊世界的中美通过巴基斯坦进行的秘密外交。希拉利大使极其重视这项特殊的任务，由于要求绝对保密，他事事亲力亲为，不让任何助手参与，连对当时正任巴驻联合国大使的弟弟夏希都不透露任何信息。每次通过叶海亚·汗总统从中方得到信息，他都孤身一人前往白宫面见总统国家安全顾问基辛格或尼克松总统本人，通过口述的方式传达；从美方获得任何信息，他就返回使馆后立即亲自打印出来，加上自己的报告，封好并写上"绝密，总统亲启"字样，通过特殊途径报送叶海亚·汗总统，再由总统亲自向中国驻巴大使张彤传达。这方面的工作量很大，据巴基斯坦著名学者艾贾祖丁的相关著作记载，叶海亚·汗总统本人所保存的有关"巴基斯坦渠道"的秘密文件就有 49 件之多，其中很多是希拉利大使给他的报告。由于三方保密工作做得好，消息未被泄露。为了感谢希拉利为中美秘密外交所做的大量具体的工作，中国外交部于 1973 年 10 月专门邀请希拉利偕夫人访华，周恩来总理于 10 月 10 日晚接见了他们夫妇，并进行了亲切友好的交谈。周总理高度评价巴基斯坦领导人和希拉利本人所做的工作，说："在中美关系缓和方面，巴做了大好事，作出了历史性的贡献。"

希拉利大使退休后虽定居卡拉奇，但他每年都来伊斯兰堡几次，而每次来，都会到中国使馆。记得他说过，他来伊斯兰堡是为了探亲访友，会见中国朋友是必不可少的项目。他来时，我大使或代办总设便宴热情款待，边吃边谈，或叙旧，或纵论天下和中巴两国的大事小情，其乐融融。我作为翻译或后来作为代办，曾多次参与这种聚会，留下了深刻而美好的记忆。记得一次在谈到他为中美秘密外交所做的工作时，他非常高兴地说：他有幸参与这项工作，不仅为中美关系出了一点力，也为巴基斯坦争了光，这是他外交生涯中最值得自豪的一页。

希拉利退休后还一直担任卡拉奇巴中友协主席，为推进巴中友好尽力。1987年10月,他率领卡拉奇巴中友协代表团访华,受到全国政协主席邓颖超的接见。

2001年2月,希拉利在卡拉奇逝世。那时我正在巴基斯坦任大使,在报纸上读到消息后,立即向他的家属和巴外交部发去唁函,表示沉痛的哀悼。我还在不久后往见住在伊斯兰堡的夏希,向他表示诚挚的慰问。阿迦兄弟手足情深,记得夏希对我说:哥哥享年90,已经高寿,但一想到以后再也见不到他了,心里就特别难受。他说着说着,竟潸然泪下。

弟弟夏希的中国渊源比哥哥希拉利还要深远。早在任外交部处长级官员时,他就开始主管中国事务,1955年担任出席万隆会议的巴基斯坦代表团秘书长,目睹过周恩来总理和陈毅副总理的风采。1961年任司长后,曾参加中巴边界会谈。1967年至1972年任巴常驻联合国代表期间,他为恢复中国在联合国的合法席位作过积极的努力。1966年至1971年,巴每年都是关于中国提案的联合提案国。他从联合国离任后立即到中国任大使,这使他同中国的关系更加密切。以后在任外秘、外交顾问和外长期间,他多次访华。1976年访华正遇上毛主席逝世,他因而参加了悼念活动,并瞻仰了毛主席遗容。他退出外交第一线后领导的智库,像巴战略研究所和伊斯兰堡世界事务理事会等,同中国的智库如外交学会、国际战略学会等都建立了交流合作关系,因此他有频繁访问中国和接待中国代表团访巴的机会。2001年中巴庆祝建交50周年,派友好代表团互访,他任巴方代表团团长,李鹏委员长会见了他和巴代表团。2003年巴基斯坦总理贾迈利访华时,中巴两国总理宣布成立"中巴友好论坛",以进一步增强两国的友好纽带。鉴于夏希的声望和影响,巴方推举他为论坛巴方主席,夏希欣然接受。当时他已83岁高龄。

夏希在任驻华大使和访华期间，曾受到中国领导人毛泽东主席、周恩来总理、邓小平同志、华国锋同志等的接见或多次接见。夏希特别尊崇周恩来总理。他在同我谈话时，多次充满敬意地提到周总理。在2004年第2次"中巴友好论坛"会议结束时，他高兴地告诉大家，为了表彰周恩来总理为巴中友谊作出的突出贡献，让巴基斯坦人民永远纪念周总理，他和一些朋友一起，已致函穆沙拉夫总统，建议将伊斯兰堡通向使馆区的原叫"大学路"的主道改名为"周恩来大道"，此建议已获总统的批准。后来，在论坛第3次会议期间，我亲眼看到了在那条路上竖立的"周恩来大道"的路牌。

　　夏希对中国前副总理、前外长黄华同志也怀有深厚的情谊和敬意，这是因为他们在担任各自国家常驻联合国代表时，曾有过密切的合作。当时，在东巴问题上黄华坚决站在巴基斯坦一边，在行动上密切同他配合，在被他称为自己外交生涯"最紧张、最悲愤、最痛苦"的时刻，黄华的同情和坚决支持令他刻骨铭心。他们在主持各自国家的外交工作以后又实现了互访。1980年，黄华外长受巴外交顾问夏希的邀请访问巴基斯坦，受到夏希和巴政府的热情友好的接待。那时我正在驻巴使馆工作，也参加了有关活动。黄华同志对夏希也有深刻的印象。黄华同志在他的回忆录《亲历和见闻》一书中对夏希作了很高的评价，在写到退休后特别高兴见到的外国朋友时，第一个提到的就是夏希。

　　我自己同夏希的友谊也长达30多年。我同他直接打交道是从上世纪70年代开始的，那时我在国内，多次参与接待他访华的工作。有两件事给我留下了深刻的印象。

　　一次，我走近他的房间，听到房间里发出"嗒嗒嗒"的声响。进门一看，原来是他正弯腰坐在打字机前打字。他对我说，明天要见中国领导人，很重要，我得准备好，原来有一个谈话提纲，现在根据新情况要修改一下。一位像他这样的高级外交官办事一丝不苟，且事必躬亲，这是我所没有想到的。

另一件事是，夏希嗜吸烟斗，他的衣服也常常被烟火烧坏，当过驻华大使的他知道中国有高超的织补技术，因此在一次访问时他带来了两套袖口烧了好几个洞的西服，请我帮他送到王府井织补店织补。当我把织补好的西服送还给他时，他一边仔细检查织补的地方，一边说："太妙了，太妙了，一点补的痕迹都没有，中国人的手真巧啊！"然后他把双手一举，高兴得竟像孩子似的喊了起来："哈哈，我又有两套新西服啦！"他的这一率真的形象永远地印进了我的脑海里。

1979年，我到驻巴基斯坦使馆工作，那时夏希正任外交顾问，不久又任外交部长。我因给大使当翻译，而夏希又经常亲自出面同大使谈问题，因此同他多有接触。1989年我作为使馆参赞再回巴基斯坦时，夏希已退出外交第一线了，但在外交界和学术界仍很活跃，我们在各种外交场合经常见面和交谈。我也曾几次作为老朋友去他家拜访。

1999年初，我出任驻巴基斯坦大使后对他进行了礼节性拜访，他十分高兴，对我讲了许多亲切友好的话，并表示将全力支持我的工作。在巴任大使期间，凡适合他出席的活动我都邀请他，而他也是每请必到。

我同夏希交往的最愉快的时刻，是2004年我们同游长江三峡。那年9月初，在北京举行的第2次"中巴友好论坛"会议结束后，中方安排巴方代表团去长江三峡参观访问，我作为论坛中方秘书长陪同前往。一路上，夏希谈笑风生，兴致极好。他不顾年迈体衰，不要人搀扶，独自登上坛子岭最高点。在俯瞰三峡工程时，他由衷地赞叹："宏伟！"参观电站运

陆树林陪夏希游长江三峡。

行后，他愉快地留言："这是当今世界工程的奇迹！"他还高兴地接受当地记者的采访，盛赞中国改革开放取得的伟大成就。

也就在这次同游中，我同他进行了相识以来最长的一次促膝交谈，时间约2小时。我们对坐在"仙婷"号游船的甲板上，一边欣赏三峡两岸的壮丽景色，一边天南海北地开怀畅谈，真是舒心极了。记得我们都谈到了自己的人生经历和感悟。他绘声绘色地描述1971年联合国恢复中国的合法席位时第三世界国家代表热烈欢庆的场面，特别是坦桑尼亚代表萨利姆当场跳舞的情景，十分生动，使我产生了身临其境的感觉。"此情可待成追忆"，那次同游成了我们共同的美好记忆。

夏希对于"中巴友好论坛"的工作十分认真负责。每次中方代表团到巴开会，他都亲自到机场迎接。每次开会，他都事先召集巴方成员开会，进行调查研究，做好发言准备。在2005年论坛第3次会议上，夏希就中巴开展纺织工业合作问题作了长篇发言，以翔实的材料、确凿的数据说明中巴开展纺织工业合作的条件、可能性和前景，内容充实，令人信服。发言后，他还把书面稿交给中方。听完他的讲话，我既感动又惊异：他从哪里收集到这么多材料，是怎么收集的？一个 86 岁的老人，做这么细致的工作，是多么不容易啊！

然而，就在那次会议以后，我开始对他的身体状况倍加担心。因为我感到他的身体已经明显不如以前，一次竟晕倒在会议桌上。不久，噩耗传来。

2006 年 9 月 6 日，为庆祝中巴建交 55 周年，中巴双方联合举办的研讨会正在北京中国国际问题研究所举行。在下午的会议开始时，巴方代表、前外交国务部长、前驻华大使伊纳姆·哈克先生站起来，以沉痛的声音向大家宣告："我刚刚得到消息，我们大家的老朋友阿迦·夏希先生，已于今天上午在伊斯兰堡逝世了！"听到这个消息，与会的人都很悲痛，会议主席立即提议大家起立，为阿迦·夏希先生默哀三分钟。我也立即同"中巴友好论坛"中方主席徐敦信商量，以论坛中方主席和秘书长的名义联名向巴基斯坦外交部发了唁电，对夏希逝世表示沉痛的哀悼。

阿迦·夏希就这样离开我们了，他把他的一生全部献给了巴基斯坦的外交事业，也为巴中友谊奋斗到最后一息。

阿迦兄弟是我的良师益友，他们去世已多年了，但我常常想起他们。正像塔拉尔总统喜欢引用的诗句：朋友的美好形象就在我心的明镜之中，稍一低头，就能看见。

陆树林
（中国前驻特立尼达和多巴哥、巴基斯坦大使，中巴友好协会
常务理事）

中巴友谊佳话

中国人在巴基斯坦受到贵宾的待遇

凡是在巴基斯坦待过的中国人，都会感到巴基斯坦给予的贵宾（VIP）待遇。不少人还到过别的国家，有了比较，他们更认为中国人只有在巴基斯坦才得到了贵宾的礼遇。

我们假日购物或者逛商店，店主都主动请我们进商店坐坐。我们说不买东西，他们还是热情不减，让我们坐下，并以冷饮或奶茶招待。他们说，我们都是周恩来，是他们的朋友。

这种发自内心的情谊在拉合尔更是炽热。因为在1965年印巴战争中，拉合尔的火车站遭到印军的炮击，而中国对印的严正警告和对巴的全力支援使得当地百姓避免了进一步的战火涂炭，他们对中国的感恩之情回报在所有长得像周总理的中国人身上。

一位在卡拉奇机场工作的移民局官员为表示他对中国的友好，甚至说他对每一个入境的中国人都会多加关照。我们马上告诉他，十个指头伸出来还不一样齐呢，中国人里好人多，但也有坏人，你可别放过坏人。

有一次，我们去游览胜地穆里山玩。下山时，发现车辆走不动，原来前面发生了车祸。当地官员指挥所有巴基斯坦车辆一律拉运伤员下山去医院，但放行了我们这辆使馆车。是帮助拉伤员，还是离开，实在拿不准主意，我们也只好"客随主便"，按照他们的指挥，开走了。有很长的一段路，就我们一辆车在行驶。

前总理外孙女热心巴中友好

1997 年秋，我到卡拉奇出任总领事，有幸结识了首位访华的巴基斯坦总理侯赛因·沙希德·苏拉瓦底的外孙女贾米尔夫人。她和丈夫乔德里先生都是卡拉奇著名的大律师，但在我们中国总领馆的心目中，这对伉俪首先是中国的挚友。他们和我们总领馆多有往来，就像走亲戚一样。

贾米尔夫人家的客厅里，毛主席和周总理的大幅织锦肖像非常醒目，那是苏拉瓦底总理 1956 年访华期间毛主席和周总理亲笔题名相赠的。贾米尔夫人很自豪地告诉我们：她的外祖父苏拉瓦底总理 1956 年 10 月应周恩来总理的邀请到中国进行正式访问，开创了巴基斯坦总理访华的先河。苏拉瓦底总理访华期间，毛主席会见并宴请他，周总理同他进行了

4 次会谈。同年 12 月，周总理回访巴基斯坦。一年内两国总理的成功互访，极大地推动了两国友好合作关系和两国人民友谊的发展。

贾米尔夫人感慨地说：外祖父当年果断地排除了诸多的压力和阻挠，坚定地迈出了访华的步伐，实属不易。他对访问的成功十分欣慰，回国后对我们说："这次访问访对了。"苏拉瓦底总理热爱中国，这次访问增加了两国间的善意、了解与信任，为后来两国友好合作关系稳定和持续的发展打下了弥足珍贵的基础。

贾米尔夫人是大家闺秀，也是活跃的社会活动家，在社交场合经常见到她。她是巴基斯坦英语协会的秘书长，经常邀请我参加协会的活动，使我增加了对巴基斯坦的了解，更让我有机会见到并结识卡拉奇的各界军政要员和社会名流。

回首往事，我清楚地认识到，贾米尔夫人对中国友好，满怀善意，真是祖孙性情一脉相承。她处处想到中国，时时不忘帮助中国。她有意邀请中国总领事参加社交活动，不就是为了让我有机会多结交巴各界的朋友嘛？

1956 年 12 月，周恩来总理和贺龙元帅访巴期间受到巴群众的热烈欢迎。中为巴基斯坦总理苏拉瓦底。
（供图：孙宗强）

怀念一起翻译毛选的巴基斯坦专家

1966 年底，外交部部分外语干部被外文局借调参加《毛泽东选集》的翻译出版工作。这些干部主要是学非通用语的，当然主要来自我们翻译队，我也是其中一个。这样一来，我同乌尔都语笔译竟结缘了 8 年，有幸接触到巴基斯坦专家扎希德·乔德里、拉希德·巴特和阿法兹·拉曼等，从他们身上看到了巴基斯坦知识分子对中国的热爱和对中巴友好的执着。

这些专家在巴基斯坦新闻界都是很有名气的。乔德里先生来华前是巴基斯坦主要英文报纸《黎明报》的驻伦敦特派记者，除了参与毛选翻译以外，他还想在中国研究中国。他对新华社每日英文电讯稿十分珍视，哪天没有收到，就会失魂落魄、坐卧不安；一旦得到，则又眉开眼笑，如获至宝。但他绝对务正业，按时上班，聚精会神搞翻译，认真回答我们的"问题"，下班后才或在办公室或回住处研究电讯稿。他的英文水平很高，但却从不自恃，说自己是在工作中学习英文的。由于英文好，理解原文自然也好。可是，《实践论》和《矛盾论》两篇毛泽东思想的代表作，他请了他人来翻译，并且告诉我们他理解原文不成问题，但对乌尔都语的哲学术语和表述拿不准。中国自古就有"文人相轻"的说法，可这位不苟言笑的巴基斯坦文人在跟我们说这些话时却很坦然、淡然，显示出一个外国人对翻译毛主席著作的虔诚、认真、严肃的态度。

拉曼和巴特两位年轻专家是巴基斯坦主要乌尔都文报纸《战斗报》的记者，还同是巴著名进步作家肖克特·西迪基的门生，文笔精彩，对华友好，至今同我们这些中国老同行保持联系。他们在华完成毛选翻译任务后又继续翻译中国文学著作，对汉语能听会说，据说《人民日报》的头版新闻也能猜个八九不离十，都是地道的"中国通"。拉曼初来中国时还是个单身汉，晚上活动多些，因此白天上班笔译时免不了打盹，我们看到后有时捅捅他，有时当作没看到。但他的敬业精神体现在他的工作效率和信、达、雅的译文上。后来他结婚了，夫人美娜士也是记者，来华工作期间写了系列报道刊登在《战斗报》上，向巴基斯坦读者介绍中国，获得了中国外国专家局颁发的"友谊奖"。他们的女儿也在父母的熏陶下写小文章介绍中国。拉曼全家人都是中巴友好大厦的建设者。

说起巴特，他还当了中国的女婿。他初次来华时已经结婚，夫人很富态，跟我们好像没有搭过话，是一位典型的穆斯林家庭妇女。后来，巴特再次来华工作时已经是光棍，但有个女儿。借中国改革开放的春风，他续弦娶了一位中国女工。据说，他们的结合还是经中国领导人批准的，成为一段佳话。他们的婚礼招待会在北京友谊宾馆举行，数百人出席，好不热闹。

拉曼和巴特珍视中巴友谊，更热爱他们用自己的青春年华作代价所参与的中国乌尔都语翻译事业和同他们多年朝夕相处的中国同行们。后来，无论我在伊斯兰堡使馆还是在卡拉奇总领馆常驻时，拉曼和巴特都是我的好朋友，对我们的外交工作给予莫大的帮助与支持。

田丁大使为中巴友谊鞠躬尽瘁，死而后已

1991 年 5 月 22 日，中国人民外交学会副会长兼秘书长、原驻巴基斯坦大使田丁在陪同来访的巴基斯坦国民议会议长阿尤布·汗参观访问时，因隐性冠心病突发，猝然逝世，终年 63 岁。

阿尤布·汗议长访华是来庆祝两国建交 40 周年的。当时我在国内，从电视上看到大使一次次陪同老朋友议长，觉得作为一位前大使参加一次活动就礼数到了，我在电话中还请大使保重。因为我在驻巴使馆期间两度在他的领导下工作，深知老领导古道热肠，事必躬亲，而且自己又会英语。田大使有隐性

冠心病，随身带着急救药。那天，陪议长登慕田峪长城时，在缆车里他身体疲乏，将头枕在了议长肩上。议长以为老朋友困顿，没有好意思马上提醒。后来发觉异常，可田大使的急救药放在西服兜里，而西服丢在轿车里了，从而错失了第一时间的抢救。

6月5日，《人民日报》报道说：中国人民外交学会副会长兼秘书长、原驻巴基斯坦大使田丁的遗体告别仪式今天（6月4日）在北京医院举行。李鹏、吴学谦、姬鹏飞、王汉斌、王芳、钱其琛等送了花圈。送花圈的还有巴基斯坦议长阿尤布·汗和巴基斯坦驻华使馆临时代办沙默德。吴学谦、王汉斌、钱其琛、外交部和有关单位负责人、田丁同志的生前友好以及沙默德临时代办参加了遗体告别仪式。

田丁同志逝世后，巴基斯坦总统伊沙克·汗、总理谢里夫、议长阿尤布·汗等先后发来唁电或唁函。

上世纪80年代，曾经出任过巴基斯坦驻华大使和孟加拉国驻华大使的凯瑟先生退休后来北京旧地重游时驾鹤西去。这两位大使体现了两国外事人员对中巴友好合作伟大事业鞠躬尽瘁、死而后已的精神。愿他们在天之灵安息。

安启光

（中国前驻巴基斯坦大使馆政务参赞、前驻卡拉奇总领事）

我和巴基斯坦的故事

宋德亨夫妇在拉合尔巴德夏希大清真寺留影。

　　我 1970 年 9 月毕业于四川大学外文系英语专业，毕业后分配到外交部。当时正值"文化大革命"期间，遵从周恩来总理的指示，外交部把我们送到唐山军垦农场劳动、锻炼、储备。次年 7 月返回北京参加出国学习班，两个月之后，我被分配到巴基斯坦学习乌尔都语。打那以后，一发不可收拾，我与巴基斯坦结下了不解之缘——先后在巴三任，学习和工作共计 14 年。

　　外交工作千头万绪，最重要的是交朋友。"海内存知己，天涯若比邻"，这是外交的最高境界。朋友越多越好，敌人越少越好。人之友有好有坏，国之友有真有假。国之友跟人之友一样，也是"路遥知马力，日久见人心"。假朋友惯于锦上添花，真朋友才会雪中送炭。假朋友吃你拿你心安理得，到时候打你也不会有任何顾忌，这就是俗话说的"白眼狼"。中国寓言"东郭先生和狼"里的那只狼就是"白眼狼"，恩将仇报；伊索寓言里的"农夫与蛇"的故事也告诫人们：蛇蝎一样的恶人救不得，否则会反受其害。据本人愚见（不少人也应该有同感），对于中国，巴基斯坦这样的真诚朋友不可多得，也不多见。

　　回想起上世纪 50 年代到 70 年代，西方国家对红色中国实行全面封锁，政治上孤立打击，经济上、科技上实行封锁禁运。当时除社会主义国家之外，真朋友、好朋友不多，巴基斯坦就是其中最突出的一个，她成了中国通往外部世界的最重要的通道和获取信息的重要窗口。可想而知，身为西方世界的一员，却与当时被西方国家看作洪水猛兽的红色中国交往，并且担当对中国来说十分重要的角色，巴基斯坦要承受多大的压

宋德亨夫妇在拉合尔
巴基斯坦独立纪念塔
前留影。

力，作出怎样的牺牲。这样的朋友难能可贵。

　　1971年，在联合国恢复中国合法席位的过程中，巴基斯坦功不可没。如果没有以巴基斯坦为代表的亚非拉中小国家驻联合国代表（当时巴驻联合国代表是阿迦·夏希大使），以中国使命为己任，奔走呼号，据理力争，"盯人"拉票，在大会上主持正义，仗义执言，历数恢复中国席位的雄辩理由，力挺中国，我敢说，中国在联合国席位的恢复不可能是在1971年，而可能是1981年，甚至1991年。关于这一点，我外交部国际司的同事们可以作证。对巴基斯坦在中国恢复联合国席位中的作用，他们体会最深，最有发言权。巴基斯坦这样的朋友不可多得。

2008 年 5 月 12 日，汶川发生特大地震，巴基斯坦倾全力相助，出动全国所有的战略运输机，动用军用物资库存，第一个向灾区运来了全部储备帐篷等急需物品。当巴基斯坦医疗队抵达汶川地震灾区的时候，当地人员忙着为医疗队安排吃住等后勤保障，医疗队领队马上说，不用操心医疗队的吃饭问题，我们是来救人的，有菜叶吃就行。这才是雪中送炭的朋友！

在涉及中国核心利益和重大关切的问题上，巴基斯坦一以贯之地与中国保持一致。在台海两岸对立的日子里，巴基斯坦始终只承认中华人民共和国，并经受住了经济利益的巨大诱惑，从不与台湾发生任何关系。特别是在打击以分裂恐怖组织"东突"等三股势力的斗争中，巴基斯坦二话不说，坚决并真心实意地与中国合作。须知巴基斯坦是伊斯兰国家，中国新疆是穆斯林聚居区，巴没有因为同教同宗而产生丝毫犹豫和迟疑，义无反顾地与中国配合，显示出大局意识和对两国友好关系的高度重视。

进入 21 世纪，油气资源战略日益重要和突出，怎样保障能源供应足够和输送畅通，是各国特别是能源需求大国面对的重要课题。中国 60% 的进口石油来自中东地区的沙特、伊朗和科威特三国，传统的海运路线是出波斯湾，经阿拉伯海和印度洋，走马六甲海峡入南中国海。马六甲海峡是必经之路。同样，中国对欧洲、西亚和非洲的外贸和海洋运输量占外贸和海洋运输总量的 70%，而这些航线无一例外都要经过马六甲海峡。所以，不仅日本把马六甲海峡看作生命线，马六甲海峡也是中国的生命线。然而，马六甲海峡的地理环境、人为控制以及海盗为患都是安全隐患，换言之，安全系数不理想。和平时期还马马虎虎，一旦有事，能源运输就会受阻。而有事之时又是需要大量能源的时候。怎么办？有没有变招？答案是肯定的。那就是建立"中巴经济走廊"，其主线是从中国新疆的喀什沿中巴喀喇昆仑公路，经红其拉甫山口入巴基斯坦，走铁路公路均可抵达巴基斯坦俾路支省南部海岸的瓜达尔港。瓜达尔港面临阿拉伯海，西距霍尔木兹海峡仅400公里，正好是中国进口油气路线的中转站。瓜达尔港由中国援建，已于2005年建成三个2万吨级的深水港码头。瓜达尔港运营权已于2013年2月18日移交中国企业。中巴经济走廊建成，两国之间实现铁路、公路和油气管道相通之后，中国油气进口就可以不必完全依靠马六甲海峡。因此，巴基斯坦在中国能源战略中的地位没有别的国家能够替代。

凡此种种，笔者认为，说到中巴关系，用"全天候"、"比山高、比海深、比钢硬、比蜜甜"（巴基斯坦前驻华大使马苏德·汗语），以及"好邻居、好朋友、好伙伴"来形容都不过分，但最重要的是风雨同舟，患难与共。朋友不仅仅是花前月下，觥筹交错，而更应该是"A Friend in Need is a Friend in Deed"（患难之交乃真交）。关键时刻能帮到你、危难关头能向你伸出援手的国家才是真正的友邦。巴基斯坦就是这样的朋友，弥足珍贵，值得珍视。

我在巴基斯坦学习和工作的14年时间里，亲身感受到中巴友好不是外交辞令，而是巴国朝野上下的共识：巴参议院和国民议会中，无论在野党还是执政党都主张并支持中巴友好；巴国领导人，无论军人还是文职总统，上台伊始的首访国家都是中国。中巴友好在巴基斯坦已经深入人心，"国之交在于民相亲"这句话在巴基斯坦得到了最好的体现。我在这里要讲几件凡人小事，以飨读者，希望读者们能从中体会到中巴友谊的精神风貌。

我的乌尔都语老师纳西姆

1971年9月，我受外交部委派到巴基斯坦学习乌尔都语。乌尔都语是小语种，巴基斯坦的国语，也在印度、孟加拉国的部分地区使用。乌尔都语对我来说——对其他许多人来说也一样——是从前闻所未闻的语言。其实，"矬子里头拔将军"，乌尔都语还算是小语种中的较大语种，因为过去的《人民画报》用17种语言出版，其中就有乌尔都语。以乌尔都语为母语的人口有将近2亿，能使用乌尔都语的就更多了。尽管如此，我当时心里还是没底，担心会很难学。

那几年，被派去巴基斯坦学习乌尔都语的就我和李健生两人，安顿在使馆文化处驻地。因是成人启蒙学习语言，故不便去当地学校学习，而是如私塾一样，请老师到文化处施教。文化处不在伊斯兰堡使馆本部，而是在拉瓦尔品第卫星城被称为"洪扎王府"（Hongza House）的洪扎土邦王别墅。"洪扎王府"是巴基斯坦北部地区洪扎土邦王建在品第的"冬都"。该王府是三层楼的古堡式建筑，大门口左右两株木棉树（在广州又称"英雄树"）高七八米，早春2月，英雄花开花时节，满树红红火火，好看而又喜性。园内绿树成荫，花草繁茂，清幽雅静，偶尔鸟儿啁啾，打破沉寂，是理想的学习环境。

我们的老师名叫穆罕默德·纳西姆，是一名中学教师。最初，我们压根儿不知乌尔都语为何物，老师又不懂汉语，故而只能用英语作为媒体教学，待到后来入门后才扔掉拐棍，直接用乌语教习。

纳西姆老师老家在印度勒克瑙。懂乌尔都语的人都知道，勒克瑙是乌尔都语的发源地之一，所以，他的乌语十分地道。

而他的英语也相当流利。因此，我们是一举两得：学习乌语的同时，英语也得到提高。纳西姆老师为人谦和，具有中学老师的特质——细心、耐心，循循善诱。须知，教我们两个大男人尤其是外国爷们学乌语，比之教本国小学生难得多：一是两种语言相距甚远，二是我们早就过了学习语言的年龄，三是乌尔都语有35个字母、54个音素，发音部位繁复，有的发音特别难，如小舌、舌根、硬腭和喉部发音等，在汉语中找不到对应的发音。乌语中还有弹音，犹如俄语的弹音，也是汉语中没有的。纳西姆老师并没有因此而打退堂鼓，而是信心满满，耐心地一遍又一遍地教我们发音，不厌其烦的程度使我们都觉得过意不去，直到我们发音基本过关才露出满意的微笑。发弹音困难，他就让我们嘴里含一口水，舌头在水中打嘟噜，效果果然不错。这说起来简短，而当时的教和学却是一个长期而反复的漫长过程——我们的乌尔都语学了两年半。他的这种认真而负责任的态度，如果没有对中巴友谊的执着追求和奉献精神，是难以做到的。我们两个深深地为纳西姆老师的敬业精神和工作态度所打动。

老师是壮年男子，家里有妻子和四个孩子，当了我们老师后不久，他的妻子又怀上了第五胎。不到40岁的他就有五个子女，这在巴基斯坦并不少见。一个中学老师，除了学校工作外，每周二、四、六共三个下午来教我们乌语，还要养活一家七口，难免力不从心。特别是孩子老婆有个病痛的时候，家里没有保姆，难免缺课。对此我们充分理解，老师来不了，我们就复习、自学。经济上使馆尽量帮助，缺课也不扣工钱，开斋节和古尔邦节还给一定的奖金，以资鼓励。文化处辟有一块菜地，我们种出的白菜、萝卜、黄瓜、茄子、豇豆、辣椒、西红柿，有收获就有老师一份。中国的大白菜巴国没有，大白萝卜也比他们的大，黄瓜碧绿水灵，看着就令人嘴馋，所以，大白菜、白萝卜和黄瓜等蔬果特受巴基斯坦朋友的欢迎，蔬菜外交也成了外交工作的手段之一。

纳西姆老师清瘦但精神，来去自驾摩托车，飞快但稳健。老师喜好抽烟，总是烟不离手，上课时也一样，所以，做学生的在他来上课之前要准备两样东西——烟缸和茶水。因经济条件有限，他抽的烟没有什么名牌，通常是 K-2 牌香烟，一种十支装的廉价大路货。烟味特冲，我们就把门窗都大开着，好在伊斯兰堡基本没有冬天，省去关门闭户，空气也就清新了许多。

在两年半的时间里，我们和老师相处融洽，师生之情甚笃。我们从老师身上不仅学到了语言，而且学到了他的兢兢业业、一丝不苟、待人和气、宽容包容等优秀品质，这些使我们终身受用。纳西姆老师没有豪言壮语，有的是细心、耐心和恒心，和对学生的谆谆教诲。不然，我们可能学不成乌尔都语。他是千千万万为中巴友谊添砖加瓦而又默默无闻的巴基斯坦人，是中国人民的真诚朋友。

尊师重道是中国人的美德，一日为师，终身为父；师父师父，师即是父。学业结束后，我们并没有人走茶凉，仍然与纳西姆老师保持着联系，文化处一有电影招待会，我们就把老师一家也请来，边看电影边叙友情，还可以讨教乌尔都语问题；使馆有大型招待会，如国庆招待会、春节招待会，都会请上老师一家。只是在我结束在巴基斯坦的第三任转赴印度孟买任总领事之后，才失去了与老师的联系，不能不令人遗憾。也不知纳西姆老师一家近况如何，套用一句老话：好人一生平安，这是我对老师的良好祝愿。

忘年交阿尔斯兰

在巴基斯坦学习和工作的 14 年中，结识的巴朋友无数，从政府官员、外交部官员到文化、新闻、科技等各界人士，直到平民百姓中的各界友好人士，应有尽有，但印象最深值得一提的人士中，忘年交阿尔斯兰就是一位。

阿尔斯兰全名叫穆罕默德·汗·阿尔斯兰，巴基斯坦人和乌兹别克人混血（母亲是乌兹别克人），身材高大健硕，仪表堂堂，身材长相随其母。其父是布店老板，在拉瓦尔品第开了一家中等绸布店，家境小康。他家在品第卫星城，是一个独门独院不带楼的院落，后有带鸟屋的小花园。阿尔斯兰子承父业，也经商，但比之乃父规模要大。

我和阿尔斯兰是因他到使馆申请签证而认识的。他因生意同中国关系密切，经常跑乌鲁木齐、广州、义乌等地，购买中国商品回巴基斯坦销售。我当时任使馆政务参赞（副馆长），也管签证的事。开始时我对他并未在意，签证由手下人员办理，我一般不直接插手。后来，因签证要得急，有时又是时限较长的往返签证，一个月甚至三个月，须由主管的我签批，我才同他有了直接接触。一来二往，对他有了更多的了解，得知他对中国感情深厚，是巴中友好的积极支持者，只做中国生意，对中国也十分了解。除经商外，阿尔斯兰也从政，属穆斯林联盟谢里夫派，也就是现任总理谢里夫的穆盟。他是拉瓦尔品第穆盟的召集人，曾为谢里夫出谋划策。在穆盟中，他极力主张巴中友好。

在距伊斯兰堡 53 公里的东北方向，有一座穆里山（Murree），是著名的避暑和旅游胜地，山上风景优美，夏日凉爽，适于避暑；海拔虽然最高处只有 2240 米，但在冬季满山积雪，苍松翠柏银装素裹，吸引大量赏雪寻梅的游客。1971年基辛格博士打开美中关系大门的破冰之旅，为避人耳目（特别是媒体），就是佯称去穆里山休息养病，金蝉脱壳，神不知鬼不觉地飞往北京的。阿尔斯兰在穆里山建有一栋别墅，一楼一底，建筑材料和室内装修全部使用中国产品，瓷砖、地板、吊灯、窗帘、门窗、暖气片，以至家具、沙发都是中国货。他把这栋楼得意地称作 China House（中国宅邸），足见他对中国情有独钟。

阿尔斯兰和他的妻子、父母、弟弟都十分好客，经常邀请大使、我和使馆人员到他家做客，每次都是倾其所有，用巴基斯坦风味饭菜盛情款待我们。我们都喜欢他家的巴式烧烤（Pakistan BBQ）和脂油饼（油煎的囊）。他母亲还学着包"中国饺子"给我们品尝，味道不错，就是个头太大，类似包子。来而无往非礼也，大使和我也适时回请。但凡使馆有国庆招待会、春节招待会以及电影招待会，都会邀请他们参加。外交不只是正式场合与官方人员之间的觥筹交错，民间往来也是构筑两国友好关系的重要组成部分，而民间外交更是国家关系中实实在在的内涵。

阿尔斯兰当时虽然不到 30 岁，却已有了三个孩子。在我 2004 年离开巴基斯坦时，他妻子又怀上了第四胎。他的妻子也是乌兹别克人，很可能是他母亲当年为他物色的。其妻白净靓丽，性格温顺，彬彬有礼，有巴上层社会妇女的气质，只知相夫教子，生意和政治一概不问，是典型的贤妻良母式女性。三个孩子中，老大是个男孩，叫夏阳（Shayang），那时只有两岁多，走起路来像企鹅，摇摇晃晃而不倒，说起话来呀呀呜呜，语焉不详，十分活泼可爱。老二是女孩，才一岁多，尚不会走路，明眸皓齿，小脸白里透红，招人疼爱。老三也是女孩，

仍在襁褓之中。

　　阿尔斯兰的父亲外表憨厚，不善辞令，但待人接物不乏热情，不过不是在嘴上，而是在表情和行动上。据说其父有中国山西人的算计，善于理财，精于商道。其母为人精明，能说会道，待客热情，有点像上海人。其弟代父料理布店事物，20多岁仍未婚配，可能是眼光偏高。他酷爱板球，经常带领一帮中学生在广场上打板球，乐此不疲。

　　这是巴基斯坦的一个普通而又幸福的家庭，衣食无忧，天伦之乐，其乐融融。这也是千千万万个巴基斯坦家庭的缩影。国泰民安，安居乐业，是每个国家的追求。可是，以"基地组织"（Al-Qaida）为代表的伊斯兰原教旨主义者、极端和恐怖分子却反其道而行之，到处制造恐怖袭击事件，以牺牲无数无辜生命为代价，追求实现他们的无理诉求，引起人神共愤，为人类所不齿。

"王府"里的文化处

1947年8月14日，根据英国驻印度最后一任殖民总督蒙巴顿勋爵制定的"蒙巴顿方案"，穆斯林聚居的地域脱离印度，成立巴基斯坦（意为"清真之国"），使印度穆斯林建立自己独立的伊斯兰国家的理想得以实现。巴基斯坦独立之初，首都在滨海城市卡拉奇。后因安全等方面的考虑（卡拉奇濒临印度洋，易受海上攻击），决定迁都。1959年，巴基斯坦首都迁往拉瓦尔品第，而品第是座小城，于是在品第东北方向11公里的地方、拉瓦尔湖左新建一城市，定名伊斯兰堡，作为新首都。伊斯兰堡自1961年开始兴建，至1970年全部建成。1967年，除军方机关外，政府部门迁到伊斯兰堡，伊斯兰堡正式成为巴基斯坦首都。

中国驻巴基斯坦使馆自然也从卡拉奇迁到了拉瓦尔品第，八年后又迁到伊斯兰堡，卡拉奇使馆旧址改为驻卡拉奇总领事馆。使馆迁到伊堡后，使馆文化处仍留在品第卫星城。所以，我1971年9月到巴基斯坦学习乌尔都语的时候，因归文化处管辖，也就直接入住品第的文化处。

文化处是租住的房子，属巴基斯坦北部的洪扎土邦王所有，是为"洪扎王府"。房东是洪扎王的儿子——尕曾法尔王子和王妃两口子。两人都已30多岁，但不知为何没有孩子，人家的隐私也不便询问。小两口平常除了收取房租外，与我们基本没有往来。但我们种的蔬菜送给他们时，他们也乐于接受，文化处或使馆的招待会他们也是有请必到。

这两口子看上去不是矜持、格色的人，在中巴友好的大背景下，我们之间似乎不应有什么隔阂。这些年我一直在思考，这是为什么？后来读到一段有关洪扎土邦的历史，我才恍然大悟，原来他们是在避嫌——怕与我们走得太近引起误会。

洪扎（Hongza）旧称坎巨提，又译罕萨，位于红其拉甫山口以南。洪扎河北岸的罕萨（即洪扎，现称卡里马巴德）和南岸的那葛尔是两个同源但相对独立的部落，相传是亚历山大大帝马其顿远征军的后裔，唐朝时称为"小勃律地"，曾先后属吐蕃和唐朝管辖，每三年向中国进贡一次砂金。1963年中巴划界时划归巴基斯坦。1974年，此前一直自治的洪扎土邦并入巴基斯坦中央直辖的"北部地区"（吉尔吉特—巴尔蒂斯坦），传统的"洪扎王"位仍被象征性保留。洪扎王宫背靠雪山，雄踞洪扎最高处，相传为洪扎王与巴尔蒂公主联姻时兴建，距今已有600多年历史，外形与拉萨布达拉宫相似。洪扎当地居民现约有5万人，大多信仰伊斯兰教，属什叶派中的伊斯马仪派。该派现任最高精神领袖是阿迦·汗四世沙阿·卡里姆·侯赛因。

可能是因为上述历史渊源，使得尔曾法尔王子同我们若即若离，对我们敬而远之。其实，他的顾虑大可不必，历史就是历史，不能改变，但未来的历史可以用友情来书写，可以更完美。后来，随着中巴关系进一步发展，他们同使馆的关系也进一步密切了。

"洪扎王府"占地约4000平方米，主楼前面是花园，后面是一个可容纳200人观看露天电影的草坪，文化处的电影招待会就在这里举行。我就是在文化处工作期间学会了放映电影。中国电影在巴基斯坦大受欢迎，一是巴基斯坦朋友乐于了解中国的发展变化、民俗民情，二是中国电影实话实说，没有谎言编撰和欺骗宣传。巴朋友尤其喜爱中国的杂技歌舞，因为较少语言障碍，较多艺术欣赏。再者，巴国除了街头艺人耍蛇耍猴外，没有杂技表演。巴基斯坦电影也有歌舞，但形式单一，内容雷同，电影故事仍处于反封建阶段，反对包办婚姻，提倡女性解放；多半是富家女孩爱上穷帅哥，或者富家子弟恋上美村姑，故事就围绕家庭矛盾冲突展开。中国电影从题材到表演对他们来说都是新鲜事物，故而受欢迎。所以，文化处的电影放映总是座无虚席，电影放完观众还久久不舍得离去，拉着我们的人了解他们关心的问题。

　　"洪扎王府"右手一墙之隔的另一院落为新华社和人民日报社驻巴基斯坦分社共同租用。两个院子的中间隔墙辟有一门相通。我和李健生住在"洪扎王府"，每天上午帮文化处做事：发放宣传中国的书刊画报，接待来访的巴学生和友人；每周一、三、五下午自学乌尔都语，二、四、六下午上课学习乌语3个小时。教室设在新华社院内，食堂也在该院。除了文化处、新华社和人民日报分社的人员外，在伊斯兰堡巴基斯坦语言学院教授汉语的老师（最多时有五人）每天中午也来这里用餐，总共近20人。大家聚在一起时聊聊天，有说有笑，谈笑风生，或下棋打牌、打乒乓球。新华社院内辟有一块菜地，估摸有一亩左右，划分成小畦，每人负责一畦，适时播种，到时收获。收获的蔬菜瓜果除自用外还分送巴朋友，上至总统、部长（使馆也有菜地，大使除了从事政治外交外还搞"蔬菜外交"），下到友好人士、黎民百姓，乃至外国使团，都知道中国的大白菜、大萝卜、鲜嫩的黄瓜和颀长的豇豆。

　　种菜需要肥料，巴基斯坦是伊斯兰国家，只有牛羊粪，牛粪也凑合用吧。新华社司机老寇曾开车出去买牛粪，他不会外语，更不知道乌尔都语牛粪怎么说。情急之下，老寇弯下腰，撅起臀部，作牛状，两只手往身后直划拉，嘴里还"哞……哞……"叫个不停，然后拿出卢比（巴基斯坦货币）向人们展示。村里人都乐得不可开交，但也明白了：他是要买牛粪。就这样，老寇高高兴兴地在汽车后备厢装了一箱带土的干牛粪拉回来了。我们问他是怎么克服语言障碍的，他就又给我们展示了一遍他那逗乐但实用的动作，大家乐不可支，同时又不得不佩服他的办事能力。

睦邻、友邻、富邻是中国外交政策的基石之一。中巴关系经历了时间和国际风云变幻的考验，怎样确保两国患难与共的良好关系历久弥新，以使我们实现中国梦的努力多一份正能量，是每一个中国人特别是外交人员应该着意思考和践行的课题。以为中巴关系极好，可以高枕无忧的想法非但不现实，也是有害的。良田沃土还需要耕耘，长青伟树也需要浇灌。随着两国关系的发展，巴基斯坦来华人员日见增多。可是在上海、广州、义乌等地，有些人嫌贫爱富思想和大国情结作怪，看不起甚至歧视巴基斯坦人的言行和事例时有发生。这些人的思想和做法错误有三：一是忘本，好了疮疤忘了疼，忘记了中国人屈辱的历史，"华人与狗"的耻辱怎能忘记？二是缺乏包容，弥勒佛之所以笑口常开是因为大肚能容，容天下不容之事。北京人现在努力践行的八个字"爱国、创新、包容、厚德"，一半都是讲与人为善，宽厚待人。三是忘恩负义，受五千年历史和文化熏陶的中国人。应该是受人滴水之恩当涌泉相报。上世纪60、70年代，巴基斯坦是唯一甘冒风险对处于困境中的中国伸出援手的国家。有人把巴基斯坦称作"巴铁"（铁哥们儿），我认为这一称谓是对中巴友谊的正确解读。

2004年10月，中国水利水电第八工程局在巴基斯坦西北边省承包修建水库引水渠工程的两名工程师遭部落地区武装分子绑架，虽经中巴双方百般努力营救，最后结果不理想，人质一死一获救。事件发生之后，时任总统的穆沙拉夫向巴全国武装部队、警察和民兵发出命令，采取一切措施，确保在

巴中国人员的人身安全；各种安全措施由巴三军情报局牵头落实。对巴方军、警采取的防范措施，笔者有亲身体会。当时，中国援建的瓜达尔港正在建设之中，时任政务参赞的我曾有机会去瓜达尔港了解工程进展情况。我和经济参赞等一行三人，先飞卡拉奇，再从陆路前往瓜港。巴方担心坐汽车安全系数不高，安排我们乘坐装甲车前往。后来才知道，中方在瓜港的援建人员来往瓜港和卡拉奇之间都是乘坐装甲车。到了瓜港还进一步了解到，瓜达尔港周围的安保措施到了无以复加的程度：海上有军舰巡逻，天空有武装直升机巡视，地面是三道防线——外围有武装民兵站岗放哨，第二层是武装警察把守，接近港口核心是军队荷枪实弹 24 小时巡逻。立体安保措施可谓针插不进，水泼不进。可想而知，这样的安全防范体系需要花多少人力物力。陪同我们的巴方官员说了，中国朋友的安全是第一位的，相比之下，人力物力和钱财都不重要。瓜港中方员工有了安全感，他们风趣地说，中国人在此成了"大熊猫"，受到特殊的保护。打那以后至今，绑架中国人员的事件再也没有在巴基斯坦发生过。

诚然，友谊和友好是相互的。中国主持正义、扶弱抑强的外交政策是一贯的，中国支持巴基斯坦反对外来侵略、维护国家主权和领土完整，援助和帮助巴基斯坦发展经济也是众所周知的，塔克西拉重机厂和铸锻件厂、喀喇昆仑公路、恰希玛核电站、瓜达尔港等，不一而足。云南阳光道桥集团公司眼下正在信德省修复数百公里水毁公路，是新的援建工程。"中巴经济走廊"将是又一巨大的建设项目。朋友就应该互相帮助，患得患失交不了朋友，施恩图报也不是真朋友，互相帮扶、支撑才是真正的朋友。中国的古话"为朋友两肋插刀"在中巴关系中得到了很好的印证。

千言万语汇成一句话：中巴关系友好，弥足珍贵，值得珍视。中巴齐心协力，共筑友谊长城。友谊天长地久，国民共享太平。这就是我们对中巴友谊的希望和寄托。

宋德亨

（中国驻巴基斯坦大使馆原政务参赞、原驻印度孟买总领事）

回忆中巴两国亲如一家的故事

1991年5月10日，我随丈夫周刚大使抵达巴基斯坦工作。我是半路出家的外交官，不像周刚那样曾经长期主管过巴基斯坦事务，熟悉中巴关系的经纬和巴基斯坦的基本情况。赴任前，我虽然读过一些有关材料，对巴基斯坦有些了解，但我真正认识这个中国最友好的国家，是在该国工作和生活四年之后。同巴基斯坦人的工作交往和生活接触——从最高领导人、军政高官、议员、社会精英，到普通的教师、律师、医生、记者、商人、学生、家庭妇女，以至使馆的司机、花工等蓝领雇员，使我对这个近邻有了鲜活的印象。这是一个美丽的国度，一个友谊的海洋。在这里的所见所闻，深深地刻在我的脑海中，不论离开多久，都不能忘怀。

巴议长为中国大使夫妇开车

每当回忆起在巴基斯坦度过的难忘岁月，巴前国民议会议长、前外长古哈尔·阿尤布·汗就浮现在我眼前。周刚于1991年5月18日向巴总统伊沙克·汗递交国书后，我俩接触的第一位巴基斯坦领导人就是古哈尔·阿尤布·汗。次日清晨6点钟，周刚和我从伊斯兰堡驱车赶到拉瓦尔品第机场，为前往中国访问的巴基斯坦国民议会议长古哈尔·阿尤布·汗夫妇送行。议长这次访华是中巴建交40周年庆祝活动的一部分。议长出身名门望族，其父是巴基斯坦前总统阿尤布·汗元帅。我们为有幸结识这位著名的政治家而高兴。议长和周刚同年，按中国的生肖，两人都是属牛的。虽是第一次见面，这一点却无形中拉近了双方的亲近感。我们祝议长和夫人旅途愉快，访问成功。

5月27日，周刚和我又去机场欢迎议长夫妇一行访华归来。古哈尔·阿尤布·汗议长对中国之行非常满意。但是，让他感到十分遗憾的是，在北京期间陪同他前去长城游览的中国前驻巴大使田丁，在宾主同乘缆车登顶的时候，因疲劳和过度兴奋导致心脏病突发，头倒在他的肩膀上，竟然与世长辞。6月4日晚，周刚和我为古哈尔·阿尤布·汗议长夫妇访华洗尘。出席的客人还有议长的儿子塔利克夫妇，以及代表团成员旁遮普省议会议长曼佐尔·阿哈迈德·瓦图、巴国民议会秘书长汗·阿哈迈德·戈拉亚。古哈尔·阿尤布·汗议长愉快地向我们介绍他的观感，特别是同中国领导人会见的情况，盛赞中国的热情接待和周到安排。

1991年6月底，古哈尔·阿尤布·汗议长夫妇派人给我送来一张颇有意思的请帖——请邓俊秉教授于7月5日光临他们在白沙瓦府邸举行的午宴。仪表堂堂的议长当时是巴基斯坦第四号领导人，他美丽端庄的夫人是一位著名将军的千金，在上层社会享有盛名。这对新朋友对我的友好情谊令我深为感动，但请柬上只邀请我一人，这个不同寻常的做法确实令我觉得尴尬。为此，我不得不给议长夫人打电话。不愧为大家闺秀的她，回答既友好又"外交"：议长和她哪会忘记邀请中国大使？周大使是贵宾是不言而喻的，然而他们特别想请周大使的教授夫人作为这次家宴的主宾，想必大使阁下不会介意吧。

7月4日，周刚和我乘车前往西北边省首府白沙瓦。我们首先拜会了该省省督和首席部长，然后出席首席部长的家庭午宴。首席部长阿夫扎尔·汗同我们一见如故，交谈十分亲切友好。为了保护我们的安全，他派了两个班的警察分乘开道车和后卫车，陪同我们在白沙瓦的出行。

2005年3月5日，周刚、邓俊秉夫妇同阿尤布夫妇在一起。

　　第二天早上，我们刚用完早餐，古哈尔·阿尤布·汗议长夫妇已来到饭店欢迎我们。议长虽兴致勃勃，却掩饰不住浓浓的倦意。夫人悄悄对我说，前一天晚上议长和她在伊斯兰堡参加完美国大使举行的国庆招待会后已是午夜，议长亲自驾车3个小时，风尘仆仆赶回家乡。在家休息了三四个小时，就来旅馆看望我们。我们听后感到非常过意不去，请他们回家再休息半天，然后陪我们去参观游览。议长却坚持立即带我们离开饭店。请我们在他帅气十足的"皮加罗"越野车后座落座后，他十分幽默地说："我为你们当司机，夫人给你们当向导，保管你们满意。"这位军人出身的议长酷爱驾驶，不仅是开车好手，也会驾驶飞机。

　　议长熟练地驱车带我们游览了市容，之后将车停在白沙瓦古城堡前。他告诉我们，巴边防军司令部就设在这个城堡中。边防军司令欣然同意破例接待中国大使夫妇作为他们的贵宾参观城堡，以尽地主之谊。司令为我们举行了庄严而隆重的欢迎仪式。头缠红色头巾、身着浅黑色短袍、脚蹬长筒皮靴的仪仗队在军乐声中雄赳赳气昂昂地向中国大使夫妇行军礼，这种国宾级的待遇让我感到受宠若惊。仪式结束后，司令带我们登上这座气势雄伟的古堡，让我们尽情饱览了白沙瓦全城的风光。这座名叫巴拉希萨尔的城堡位于白沙瓦的西北边缘，始建于 1519 年，重建于 1791 年至 1849 年之间。它是巴西北边陲几百年来所经历风风雨雨的最好的历史见证。登上这座威武森严的古堡，我们举目四望，具有独特伊斯兰建筑风格的白沙瓦大学、酷似中国东北"干打垒"的阿富汗难民营以及融汇东西方文化于一体的白沙瓦景色尽收眼底。

中午时分，议长驱车带我们来到了他的府邸。等待我们的是一场热闹非凡的聚会，聚集了巴西北边省的主要军政要员和社会名流。他们个个都渴望结识新到任的中国大使夫妇，以表示对中国的友好之情。顿时，我俩即被这些热情洋溢的新朋友团团围住，兴奋交谈。他们对中国发生的巨大变化感到欣喜，盛赞中国所取得的举世瞩目的成就。议长夫妇特地为我们举行的是带有浓郁白沙瓦风味的午宴。用餐完毕，为感谢主人的盛情款待，我在朋友们热烈的掌声中，向议长赠送了一册精美的画册《中国外交 40 年》。我告诉大家，画册中有好几幅中巴两国友好交往的照片，其中一幅是议长的父亲、巴前总统阿尤布·汗在 1965 年 3 月访华期间同毛泽东主席会见时的合影。如今，他的儿子古哈尔·阿尤布·汗继承父业，正在为进一步巩固和发展中巴两国友好关系继续作出贡献。

莱加利总统访华拾零

1994 年 12 月初，周刚和我返回北京，参加接待巴总统莱加利夫妇访华的工作。这是我们在巴基斯坦工作近 4 年来，巴总统首次访华，也是巴人民党政府执政短短 1 年多时间内，继其总理、参议院主席和国民议会议长相继访华后，巴国家元首前来访问。中巴双方对此访均很重视。

莱加利总统夫人出身名门，虽受过西方教育，但仍是个虔诚的穆斯林。她严格遵守不公开抛头露面、不见家族以外男士的规矩。陪同她前来访华的还有总统的幼妹和侄女、一些部长和省督夫人，以及其他达官显要的女眷。她们之中，绝大多数人从未到过中国。为此，中方特地为总统夫人一行制定了另一套丰富多彩的访华活动日程，还对总统和夫人活动时间的衔接和协调（包括每天抵离宾馆和抵离往访城市的时间）均作了周密的安排，以便总统和夫人在同一时间进行不同的活动。不言而喻，这次接待任务重、要求严。

我在陪同巴基斯坦总统夫人访华期间，亲历了以下几件趣闻轶事。

总统夫妇抵京的次日上午，在总统夫人一行参观完故宫后，车队按计划于中午来到巴驻华大使官邸。巴大使夫人将为总统夫人一行和中方陪同举行午宴，然后总统夫人车队再直接前往长城游览。令人不解的是，总统夫人端坐在车中一动不动。她拒绝下车的原因是坚持要先回国宾馆换装后再来出席午宴。这下可急坏了巴大使夫人和中方陪同。如总统夫人再不下车，不仅要影响午宴的举行，还会影响游览长城的原定时间和沿途的安全保卫工作。我急中生智，立即做巴大使夫人的工作，请她不要介意午宴提前，以便挤出时间来让车队在去长城的途中顺道在国宾馆停车，请总统夫人进去更衣。只有这样，方可午宴、游览两不误。这位午宴女主人如释重负，一边感谢我为她解了围，一边求我前去完成这项"艰巨"的任务。幸运的是，总统夫人很大度地采纳了我的建议，随即走下车。坐在总统夫人身旁的是中方主要陪同、农业部部长刘江的夫人高淑祯女士，她也微笑着下了车。事后才得知，巴外交部给总统夫人准备的访

华日程小册子上,确有午宴前更衣这项说明。

巴总统夫妇一行飞抵杭州当晚,浙江省妇联主席为巴总统夫人一行举行了盛大的晚宴。宴会大圆桌上摆放着五彩缤纷的巨型花环和富有江南特色的美味佳肴,周围坐着身穿漂亮民族特色服饰的贵宾和主人,光彩照人,交相辉映。坐在我身旁的是巴总统年轻美貌的侄女,她眨着明亮的双眸悄声对我说道:"大使夫人,在此良辰美餐时刻,如有贵国优雅动听的民乐助兴,岂不更令人飘飘欲仙?"事后,我向当地有关接待部门反映了这一情况,并请他们转告下一站。次日抵达西安后,在陕西省妇联主席为巴总统夫人一行举行的晚宴上,专门安排了身着典雅的中式裙袄、手弹琵琶和古筝的音乐学院女生特别为贵宾演奏中国民族和古典乐曲。总统夫人默默含笑朝我点头致谢,总统侄女干脆离开座位来到我身旁轻声耳语说:"谢谢你,我的好朋友。你们安排得真周到。"这次安排完全满足了总统夫人一行的愿望,收到了意想不到的效果,增进了彼此的友谊。

在该代表团离开北京返回巴基斯坦的那天下午,总统夫人

一行前几天抵京时的拘谨和客套早已无影无踪，她们和陪同的中国姐妹们有说有笑，完全打成了一片。总统夫人亲热地招呼我和高淑祯女士到她身边，兴奋地张开双臂簇拥着我俩拍了一张象征着中巴两国姐妹友谊的合照。随后，她邀请全体中方陪同登上插着巴基斯坦国旗的专机，进入总统座舱做客。在向我们一一赠送了礼品之后，她风趣地说："我在自己小小的'国土'上，略尽一点地主之谊。"接着，她衷心感谢我们为她们访华成功所做的一切，并表示她们是乘兴而来，满意而归；短短一周的访问令她们大开眼界，获益匪浅。最后，她希望我们今后作为她的客人像走亲戚一样前去巴基斯坦访问，并祝愿中巴两国姐妹之间的友谊代代相传，万古长青。

"中国之晨"夫人活动

在完成接待莱加利总统夫妇访华任务后返回伊斯兰堡不久，巴总统府专门派人给我送来一封总统夫人亲笔写的热情洋溢的感谢信。在致她的复信中，我不失时机地郑重邀请她作为主宾前来参加我拟于1995年1月19日举行的盛大的夫人活动。几天后，总统军事秘书打电话告中国大使馆，总统夫人欣然应邀，届时将带女儿等人前来参加。这对中国大使馆，尤其是对我领导的妇女小组来说确是一大喜讯。自1991年到巴基斯坦工作以来，每年我都要举行一次名为"中国之晨"的大型夫人活动。由于活动内容丰富多彩，形式新颖别致，以往几次"中国之晨"均受到巴各界和驻巴使团的好评，在伊斯兰堡已经小有名气。前几次活动虽然我有幸邀请到巴参议院主席（巴第三号领导人）和巴军参谋长联席会议主席夫人出席，然而，近年来巴总统夫人从未应邀出席过任何使馆举行的活动。

1月19日早上，中国大使馆张灯结彩，喜气洋洋，迎来了巴总统夫人和她的千金、总统幼妹、几位部长夫人、众多社会女名流以及驻巴使节夫人。夫人活动自始至终充满欢声笑语，贵宾们都被"中国之晨"欢乐而友好的气氛所深深感动。绚丽多彩的中国工艺品展示、碧绿青翠的使馆菜园、显示华夏百花争艳的艺术短片、富有中华特色的风味小吃，节目一个接一个，令她们目不暇接。最让她们惊喜的节目是中国职业妇女服装展示和清宫舞表演。这两个节目是我带领使馆全体夫人们自编自导演出内容和自制自筹演出服装，花了足足两个多月排练出来的成果。

当舞台上亮起了明亮的水银灯，随着悠扬悦耳的中国民乐乐曲声，我馆10位年龄各异的夫人身着最能显示中国女性气质的典雅端庄的旗袍，款款朝台前走来时，所有贵宾的注意力霎时被吸引住了。台下一片肃静，屏气凝神；台上"模特儿"一次又一次地更换中国职业妇女在不同场合所穿的服装。最后的压轴戏是使馆6位年轻夫人表演的清宫舞，她们婀娜多姿的动作、含情脉脉的神情，令台下观众如醉如痴。演出历时半个多小时，一气呵成。

演出结束，全场响起热烈的掌声，贵宾们久久不愿离去。总统夫人感慨万分地对大家说："只有像中国这样历史悠久、文化灿烂，近年来又取得举世瞩目成就的国家的姐妹们，才有能力组织好水平如此高、寓意如此深的活动。上台表演的虽不是职业模特儿，但她们的演出精彩极了，充分显示了中国妇女令人赞叹的自强不息的精神。"

这次活动轰动了伊斯兰堡，一时成为巴各界和使团的热门话题。巴基斯坦的英文《新闻报》发表了图文并茂的报道，中国的《人民日报》和《光明日报》也先后刊文报道了这次活动。

《阿尤布·汗——巴基斯坦首位军人统治者》中文版如何面世

在巴基斯坦的将近四年任期中，我虽然购买了一本阿尔塔夫·高哈撰写的《阿尤布·汗——巴基斯坦首位军人统治者》（Ayub Khan – Pakistan's First Military Ruler），但是由于工作繁忙，只能草草地浏览一遍，更无暇想到把它译成中文介绍给中国读者。

1995 年 4 月，周刚和我从巴基斯坦离任回国。周刚被任命为中国驻印度尼西亚大使，需要等候印尼政府的同意。在此期间，他忙于做准备，熟悉有关印尼和中印尼关系的情况，并同有关部门商谈工作。此外，他还要到北戴河参加中央召开的部分驻外使节会议，以及在吉隆坡举行的东南亚使节片会。这段时间，我有空翻阅了这本反映巴基斯坦当代史上首位发动军事政变，并成功上台执政的阿尤布·汗元帅统治时代的功过是非的名著。

这本书的作者阿尔塔夫·高哈不仅是知名的报人，还是阿尤布的亲密伙伴、讲话撰稿人，并在其政府任新闻广播部秘书（相当于中国的常务副部长）。他根据阿尤布的日记和他本人的摘记所撰写的真实故事，再次触动了我的夙愿——凡到一个国家工作之后，我总想翻译一本有关该国的著作介绍给国人。于是，我决心同该书作者联系并征得他首肯后，即刻动手翻译。1995年8月下旬，随同周刚抵达雅加达履新不久，通过巴基斯坦驻印尼大使西迪克的帮助，我同阿尔塔夫·高哈取得了联系。他同意由我翻译此书并在中国出版。此后，我从繁忙的工作和活动日程中挤出有限的空闲时刻，从到印度尼西亚上任伊始，直到2001年从印度离任前夕，前后花了5年多时间，总算译完了该书。

世界知识出版社愿意出版《阿尤布·汗——巴基斯坦首位军人统治者》的中文版，但条件是该书译者应自己拉赞助。这事可真给我出了个大难题——我这辈子最忌讳的就是乞求别人。然而，为了实现自己多年的夙愿，我不得不违心请人相助。中国东方电气集团公司在巴基斯坦有合作项目，公司副总经理潘纪盛在巴基斯坦工作期间同我们相识。2000年，他到印度访问期间前来使馆见周刚大使和我时，我向他提起了翻译出书的困难。潘总表示，向中国读者介绍巴基斯坦有影响的领导人很有必要，可以进一步增进两国人民的相互了解。他说，东方电气集团在巴工作期间得到周大使、邓教授以及大使馆的关心和帮助，现在，邓教授翻译出书有困难，公司完全可以帮助解决。他诚恳地说，"滴水之恩当涌泉相报。"

2001年6月底，我自印度离任回京。退休之后至2002年1月，世界知识出版社在接到我的手稿后，仅花了大半年的时间就让《阿尤布·汗——巴基斯坦的首位军事统治者》中文版问世。

时任巴基斯坦驻华大使霍哈尔（Khokhar）对该书译著在中国出版发行十分高兴，并愿提供力所能及的帮助。虽然当时他即将离任回国，公务繁忙，但仍然挤出时间在当年6月3日为此书举办了首发式。为此，巴基斯坦大使馆文化处和办公室做了大量准备工作。当天下午，聚集在巴基斯坦使馆的不仅有该馆的外交官，还有中方的在任和退休外交官、南亚学者和媒体人士。霍哈尔大使亲自主持仪式并致辞。他高度赞扬中巴两国多年来形成的"全天候"友谊，以及阿尤布总统所作的贡献，表示《阿尤布·汗》一书中文版的发行有助于中国读者对巴基斯坦的了解，邓俊秉教授做了一件十分有益的工作。

我在答谢词中衷心感谢霍哈尔大使和东方电气公司的帮助，强调我之所以翻译此书，就是想为中巴友谊略尽绵薄之力，为中巴友好大厦增添一片砖瓦。首发式上，中巴朋友畅叙友谊，我却在旁边忙个不停，为向我索要此书的与会客人签名留念。

2005年3月初，周刚和我应南亚地区研究中心（RCSS）邀请，在巴基斯坦拉合尔为该中心举办的专业人士论坛作完报告后，飞赴伊斯兰堡访问。3月5日早上，已从外交国务秘书岗位上退休的霍哈尔邀请我们打高尔夫球。老朋友重逢，格外高兴，我们还一起愉快地回忆起了几年前在巴基斯坦驻华大使馆为此书举行首发式的热烈友好场面。更幸运的是，我俩的好友、阿尤布·汗总统的儿子古哈尔夫妇热情邀请我俩去他们的府邸相聚，我们两对老伴像一家人一样谈天说地，兴奋不已。临别前，我还将此书的中文版赠送了一本给古哈尔。

邓俊秉

（中国前驻印度尼西亚、巴基斯坦、印度使馆参赞）

我与马姆努恩·侯赛因总统二三事

2014年元月中旬，巴基斯坦驻华大使馆透露，应中国国家主席习近平邀请，巴基斯坦总统马姆努恩·侯赛因阁下将于2月18日至21日对中国进行为期4天的国事访问。访问期间，总统百忙之中将抽出时间专门会见中国学者。使馆政务参赞恩德拉比先生反复强调，要我这期间不要离开北京，并且说总统先生希望见到我，至于为什么，他说他也不知道。可是，我心里非常明白。

回想起来，我和马姆努恩·侯赛因总统相识已有18年之久，这期间，我们曾在伊斯兰堡机场候机室偶遇，可惜时间非常短暂。作为与他相识18载的老朋友，能在北京钓鱼台国宾馆受到已是巴基斯坦国家元首的他的接见，也是非常荣幸的。

相识卡拉奇

1997年9月，我被文化部借调，派往中国驻卡拉奇总领事馆，出任文化领事。当时，中国驻卡拉奇总领事馆总领事是安启光先生，另外，总领馆本部有两位领事，一位负责行政事务，一位主管签证业务。卡拉奇是巴基斯坦第一大城市、最大的海港和军港，也是全巴工商业、贸易和金融中心，同时还是文化和教育中心。由于卡拉奇的特殊地位，加上中巴全天候的友谊，驻卡拉奇总领事馆的对外活动非常之繁忙。因而，我这个负责文化的领事除了本职工作，经常还要参与和出席许多对外活动和宴会。

唐孟生教授在发布会间隙与马姆努恩·侯赛因总统和马苏德·哈立德大使交谈。

马姆努恩·侯赛因总统就是当时我结交的一位非常友好的朋友。时隔 18 年，至今仍让我记忆犹新，那是在卡拉奇俱乐部的一次宴会上，一位身材魁梧、面带微笑的巴基斯坦朋友向我伸出友谊之手。我们相互简单地寒暄、问好，交谈的时间没有多长，但是彼此都感到十分亲切。记得临别时，马姆努恩·侯赛因先生半开玩笑地对我说："你们中国人的名字非常难记，以后称呼你'Khan Sahib'（翻译成汉语即"汗先生"）可以吗？"我回答道，名字只是称谓，只要您能记得住，我高兴接受。从此，我们成了真正的朋友，有机会遇见，我们便相聚一起谈天说地。他让我给他介绍中国文化，我向他学习巴基斯坦文化。当然受益最多的还是我了，记得当时工作之余，我还在写一本有关南亚苏非神秘主义哲学思想的书，因而经常会向他请教苏非诗歌等学术难题。

和马姆努恩·侯赛因先生相识两年多后，1999 年 6 月，他出任信德省省督。不久，他在省督府宴请了我和中国驻卡拉奇总领事馆的同事。1999年是中华人民共和国成立50周年，国庆前夕，展示新中国伟大成就的"光辉的历程"大型图片展在卡拉奇艺术委员会展览大厅举行。为保证时任省督的马姆努恩·侯赛因先生能出席并为图片展剪彩，安启光总领事安排办公室发函给巴外交部驻卡拉奇办事处的同时，让我直接打电话邀请马姆努恩·侯赛因省督。回想起来，当时我通过秘书接通了马姆努恩·侯赛因先生的电话，他给我的答复是那样的肯定："我的一切活动为朋友的活动让路，你的展览就是我的展览。"展览开幕之日，马姆努恩·侯赛因先生为展览开幕剪彩并发表了热情洋溢的讲话，然后怀着极大的兴趣在每张图片前驻足仔细观看，一边询问，一边感叹中国50年取得的辉煌成就。

伊斯兰堡机场偶遇

2000年，我结束在卡拉奇总领事馆的任期回国。三年后，由于我在巴基斯坦文化研究方面做出一些成绩，出版了几本书，发表若干论文，被巴基斯坦政府授予"贡献之星"勋章。2003年3月21日，我和夫人孔菊兰教授受巴基斯坦政府邀请，赴巴出席23日在伊斯兰堡总统府举行的授勋仪式。

授勋仪式结束的第二天，巴外交部礼宾司一位副司长陪同我们从伊斯兰堡国际机场出发，乘飞机赴拉合尔参观访问。作为巴基斯坦总统邀请的客人，巴政府为我们提供了飞机头等舱的高规格待遇。由于飞机晚点，陪同人员为我们安排了茶点，在机场贵宾候机室等候飞往拉合尔的航班。突然间，有人从身后拍拍我的肩膀。我回头一看，一位身材魁梧、腰板挺得笔直、笑得满面开花的巴基斯坦人站在我坐的沙发后面，我惊喜地大声脱口而出："马姆努恩·侯赛因阁下！"

此时，巴基斯坦陪同拽拽我的衣服，小声问我："你认识他吗？"我明白陪同的意思，马姆努恩·侯赛因先生已不再是省督，现在是在野领导人。我告诉陪同，他是我要好的巴基斯坦朋友。

多年不见的朋友能在此偶遇，谁能说这不是一种缘分呢？

由于马姆努恩·侯赛因先生所乘坐的去卡拉奇的飞机也晚点了，我们一起在候机室聊了许久，回顾了多年前的往事，也畅谈了各自目前的情况。

直到机场广播说去拉合尔的旅客可以登机了，我们好像还意犹未尽。分手时，我感觉到他送别的目光里还饱含着一份对朋友的祝福。

钓鱼台国宾馆会见

2013年7月，马姆努恩·侯赛因先生参选巴基斯坦总统，并以超出竞选对手355票当选；9月9日，他宣誓就任巴基斯坦第12任总统。马姆努恩·侯赛因先生就任总统后的首次正式出访就选择了中国。出访前接受中国记者采访时，他说："中巴两国是全天候的朋友，两国关系紧密、深厚和热烈。两国的战略合作关系还会在未来几十年中不间断地向前迈进。"

开篇提到，此次马姆努恩·侯赛因总统访华，专门安排时间在钓鱼台国宾馆会见中国学者，我也在被邀之列。

2014年2月20日，困扰北京多日的雾霾消散了许多，天空一片湛蓝，阳光又是那样的明媚，好像老天也知道有尊贵的客人到访。中午一点半左右，巴驻华使馆公使祖胡尔先生带着我们4名中国学者进入总统下榻的钓鱼台国宾馆会客厅。

不一会儿工夫，马姆努恩·侯赛因总统步入会见大厅，我们随即迎上前去。总统和我第一个握手，并向巴驻华大使马苏德·哈立德先生和他的随行介绍说：这是我的朋友"Khan Sahib"。接着，总统先生和我相互拥抱表示亲密。

总统先生和中国学者、大使馆的官员一一握手问候之后，祖胡尔公使引导大家入座。就在大家准备就座时，总统先生突然示意，请巴大使让座与我，让我坐在紧挨他右手的第一个座位。就座后，会见理应正式开始，可总统一直拉着我回忆卡拉奇的美好往事。为了不失礼于他人，我重起话题，向总统报告了北京大学巴基斯坦研究中心的科研工作，以及我本人这些年的学术研究情况。听了我的汇报，总统先生亲切地说：现在我作为巴基斯坦总统访问中国，为推进巴中友谊健康发展，为打造巴中命运共同体而努力；你是大学教授，努力做好学术研究，多出书，我们一起为巴中友谊努力工作。

出席《乌尔都语汉语词典》发布会

2014 年初，北京大学孔菊兰教授主编的《乌尔都语汉语词典》，由高等教育出版社正式出版。这部词典凝聚了中国几代乌尔都语专家学者的心血，是国内多家单位的乌尔都语学者通力合作的成果。它的出版，不仅弥补了国内此类词典的空白，而且将在高校外语教学、自学乌尔都语以及涉外需要等诸多方面发挥重要作用。巴驻华大使馆非常重视这部词典的出版，大使马苏德·哈立德先生提议，在 2014 年第四届亚信峰会在上海举行期间，邀请马姆努恩·侯赛因总统出席《乌尔都语汉语词典》的新书发布会。经过使馆与总统府及总统本人联系，总

马姆努恩·侯赛因总统（前排中）与出席《乌尔都语汉语词典》新书发布会的嘉宾合影。前排左1为巴基斯坦驻华大使马苏德·哈立德，左2为中国驻巴大使孙卫东；后排左4为孔菊兰教授，右4为唐孟生教授。

统先生欣然同意参加发布会。

2014年5月20日上午，《乌尔都语汉语词典》新书发布会在复旦大学举行，巴基斯坦总统马姆努恩·侯赛因应邀出席并致辞。总统先生在致辞中对《乌尔都语汉语词典》的出版表示衷心祝贺，并对以北京大学南亚系孔菊兰教授为首的字典编纂团队的努力表示感谢。他指出，中巴两国的交往源远流长。近代以来，两国相继独立后，在几代领导人持续努力下建立起牢固的友谊。《乌尔都语汉语词典》的正式出版，将进一步巩固双方交流，为双方往来提供便利。他特别指出，中巴两国友谊能否世代相传，主要取决于三个方面的共识：第一，两国共享和平共处、睦邻友好的共同信念，并集中力量关注减少贫困、提高人民生活水平等基础问题；第二，两国之间经贸领域的合作与交往，如建设中巴经济走廊远景规划的提出，将为两国经济发展提供便利；第三，依托两国人民之间的天然友好情谊，增强在文化交流方面的合作，而此次《乌尔都语汉语词典》的出版定将增进两国文化、教育、艺术、体育等各个领域的交流。他进一步指出，《乌尔都语汉语词典》的编纂和出版是巴中友好交往的一项重要成就，将进一步加强两国之间的联系，为两国人民和政府的友好往来提供便利。

总统先生还特别提到了他本人与我多年来的深厚友谊，并对我在推动中巴文化交流合作方面作出的努力表示赞扬和感谢。

发布会结束后，主办方安排茶歇招待总统阁下。根据接待预案，由于会客室较小，只能安排少数领导参加，拿三本词典请总统签字留念。可是，从会场到茶歇室，总统和与会者亲切交流，带着许多人进入茶歇室。一时间，词典的编纂者和一些读者也进入了茶歇室，请总统先生签名留念。当时主办方感到场面有点失控，非常着急，一是担心安全，二是担心总统无法用茶。他们找到我说，你是总统先生的朋友，是不是上前向总统解释一下。于是我们上前向总统解释，但总统说，中国朋友热情，他们希望我签名，我不能让他们失望。他还有点开玩笑似地说：这会儿我的任务是签名而不是喝茶，我签名也是在传播友谊啊！

伊斯兰堡总统府会见

2014 年 8 月 4 日，应中国驻巴基斯坦大使孙卫东之邀，我飞往伊斯兰堡参加中巴智库学术研讨会。

8 月 6 日，研讨会茶歇时，出于礼貌，我打电话给马姆努恩·侯赛因总统的秘书，请他转告总统先生，我来到伊斯兰堡参加中巴智库研讨会。我之所以打这个电话，是因为 2 月在北京钓鱼台会见时，总统先生和我约定，今后到了巴基斯坦一定打电话告诉他。

电话打出一个多小时后，总统秘书回电话说，总统先生要会见我，他们马上派车到我下榻的饭店，接我去总统府。

来到总统府，进入宽敞明亮的会客厅，我顿时有些拘谨了。总统先生一眼就看了出来，为了缓解我的紧张，他对我说：你是我最好的中国朋友，这里就是你的家，请不要客气。

时间过得真快，不知不觉我们谈了将近一个半小时。总统先生向我询问了中国的乌尔都语教学情况，以及中国有哪些大学设有巴基斯坦研究中心，主要研究哪类问题；并且说，如果需要帮助，作为总统他一定会尽力的。

此次，马姆努恩·侯赛因先生作为国家元首在总统府接见我，可谓规格高、形式新。但是，我们的交谈还像往常那样轻松愉快。

离开总统府时，总统先生再三叮嘱我，下次一定带夫人一起来，要提前通知他，他和夫人将在总统府宴请我们。

马姆努恩·侯赛因总统阁下对他的一位中国老朋友，对一个中国普通教授的深情，不能不使我深深地感动。18年的友好交往中，无论作为工商界人士，还是省督，还是在野党的领导人，或者是至尊的国家元首，他自始至终那样谦和至善、质朴厚道、和蔼可亲、平易近人，他的这种人格魅力不能不使我肃然起敬。我庆幸18年前结识了这位诚挚的朋友，我想我们之间的情谊也折射了比山高、比海深、比蜜甜的中巴友谊。愿友谊长存！

唐孟生

（北京大学巴基斯坦研究中心主任、教授）

难忘巴基斯坦，想念卡拉奇

上世纪 90 年代后期，我有幸在巴基斯坦的卡拉奇工作了三年半。我的工作岗位是驻卡拉奇总领馆经济商务领事（参赞）。

去那里之前，我对巴基斯坦这个国家没有多少了解。在此之前，我是对外经济贸易部（现商务部）所属的国际贸易研究所的研究员和副所长，我个人的主要研究方向是东盟国家，对巴基斯坦很少留意，对这个国家的印象是朦胧和陌生的。

但既然上级决定我去卡拉奇工作，我就赶紧做些准备：查阅图书杂志上的相关资料（那时还没有流行上网）；找曾经在卡拉奇工作过的人员咨询、请教；为了多一些感性认识，还专程跑了一趟新疆。

出国人员培训班结束后，部里组织我们分三条线路到东南、中南和东北的几个省份参观考察，以便在去到各自的国家之前，多了解一下实际业务。我没跟大队一起走，而是单枪匹马去了新疆。为什么去新疆？因为新疆是中国唯一与巴基斯坦接壤的省区，和巴基斯坦有较多的经济贸易联系。去新疆，是为了从较近的距离认识巴基斯坦。我去了北疆的乌鲁木齐和南疆的喀什，同当地外贸厅局以及进出口公司的朋友座谈了好几次。最后沿着那条著名的喀喇昆仑公路，去了紧邻巴基斯坦、海拔 3200 米的塔什库尔干县，到了红其拉甫口岸。

1995 年 10 月的一天，我生平第一次踏上巴基斯坦的土地，心情紧张、兴奋，又有点忐忑。

友好的国度

到了卡拉奇之后，尽管环境艰苦，治安不佳，但我很快就爱上了这个城市，爱上了巴基斯坦，并且成为一个忠实的"巴粉"（巴基斯坦的粉丝），至今不渝。

一到卡拉奇，总领馆的同志就非常认真地告诉我，巴基斯坦是中国最好的朋友。而在卡拉奇工作和生活了三年多，有了亲身的体会之后，我确认此言不虚。我完全赞同这样的认知，并且把这种认知转告给其他没到过巴基斯坦的人们。

巴基斯坦 1951 年与中国建交，是最早与中国建交的国家之一。中巴友谊经历了时间的考验，无论在中国发展顺利的时候，还是在中国遇到困难和挫折的时候，巴基斯坦都和中国站在一起。长期以来，巴基斯坦在涉台、涉藏、涉疆和人权等许多重大问题上，都给了中国宝贵的支持。1965 年，李宗仁先生取道巴基斯坦回国定居，巴基斯坦提供了方便和协助。"文革"时期中国对外关系全面紧张，巴基斯坦成为中国与外界联系的几乎是唯一的渠道。1971 年，正是由于巴基斯坦等发展中国家共同努力，中国恢复了在联合国的合法席位。1971 年，在巴基斯坦政府的斡旋和协助下，美国总统特使基辛格博士途经巴基斯坦秘密访华，不久实现了尼克松总统打开中美关系大门的破冰之旅，震动了世界。

在巴基斯坦，无论执政党还是在野党，无论官方还是民间，对华友好已经成为人们的共识。巴基斯坦的领导人经常说："巴中友好是巴基斯坦外交政策的基石。"中国方面也一直把巴基斯坦视为可信赖的朋友，认为中巴关系是世界上不同制度国家间友好关系的典范。

来到巴基斯坦以后，在很短的时间里，我就亲身体验到巴基斯坦人民的友好情谊。不管是外出办事还是街头漫步，当听说中国朋友来了时，巴基斯坦人立刻就会露出友善的笑容，并向你提供一切可能的帮助。

在卡拉奇的那几年，和巴基斯坦政府部门或民间机构打交道，经常会得到特别的关照。一些难办的事情，中国人有可能得到特别的通融。有一个时期，巴基斯坦由于经济困难，外汇紧缺，拖欠了中国公司很大数量的承包工程款。受中国公司委托，在那段日子里，我频繁出入巴基斯坦国民银行即中央银行的大门，交涉欠款事宜，以至和银行的几位负责人都成了朋友。国民银行的一位副行长诚恳地对我说："拖欠中国公司的工程款，确实不应该。巴基斯坦现在外汇极其缺乏，而到期的债务又很多。你放心，一旦有了外汇，我们会首先安排偿还中国兄弟的钱。"当时我不知道这种表示究竟是他的真实态度，还是一种外交辞令。过了几个月，从中国公司处得知，巴基斯坦政府的欠账已经陆续在归还。

东方电气公司在巴基斯坦有一个电站承包项目，由于种种原因，工程拖了很长时间才完工。按照合同规定，这要处以3000万美元的罚款。如果真的这样罚了，东方公司数年的辛劳和汗水就会付之东流。经过多方努力，特别是由当时的张成礼大使出面做工作，最后3000万美元罚款全部免除。巴基斯坦政府说，免除罚款是因为工程拖期有一定的客观原因，更重要的是为了顾全巴中友好的大局。

我们驻卡拉奇总领馆包括经商室工作很忙，来办事的人特别多，邀请我们出席各种活动的也特别多。在许多社交场合，我发现除中国领馆人员外，并没有其他领馆的人员。我想，这并不是因为我们这些人特别有人缘，而是中巴友谊深入人心，也是前任的几代人长期做工作的结果。

实际上，巴基斯坦人不仅对中国人友好，对其他外国人以及对自己的同胞也都是友好的。巴基斯坦朋友待人接物总是彬彬有礼，陌生人见面相互间也会点头微笑。公共场所人们都自觉地遵守秩序。服务业则出自内心地把顾客当作上帝。卡拉奇高度商业化，但这里的民风依然淳朴。人们喜欢帮助别人，遇到问路的总是热心指引，有时候甚至会带你走上一段。卖菜的小贩买卖公平，从不缺斤短两，对老外和老巴一视同仁。大多数巴基斯坦人都乐天知命，安分守己。无论高低贵贱，所有岗位上的人都会踏踏实实地尽好自己的职责。处在逆境，或者有什么不如意的事，都是安之若素，并不怨天尤人。

诚挚的朋友

在卡拉奇工作期间，我曾经有过不少朋友，其中有些人随着岁月流逝而渐渐淡忘，有些人只记得样貌而想不起名字。但还是有几位朋友印象非常深刻，我敢说终生都不会忘记。

首先要提到的是纳赛尔先生，他是巴中商会的主席。1951年，他父亲那一代就开始和中国做生意，主要经营轻工产品。他口才好，交游广，为人豪爽仗义，协调能力强，多年担任商会会长的职务，在卡拉奇乃至巴基斯坦贸易界都有很高的威望。纳赛尔的儿子也跟着他做中国生意，他们家可以说是巴中贸易世家。

纳赛尔对商会的事情非常热心，经常帮助巴基斯坦同行排忧解难。我们经商室有了困难，他也是全心全意地提供帮助。记得我初到卡拉奇时，他就为我们提供了从事对华贸易的商户名单。有一次，为了解决巴中双方贸易纠纷，他率领巴基斯坦商业和工业联合会代表团来我们经商室开会，就解决办法坦诚而深入地交换意见，提出了不少切实可行的措施。

纳赛尔先生是经商室的朋友，也是总领馆的朋友。每年的中国国庆招待会，他都会送一个大蛋糕。蛋糕的重量随中国的建国周年数而逐年增加。比如1997年中国建国48周年，他送一个48磅重的蛋糕；次年建国49周年，他就送一个49磅重的蛋糕。蛋糕上饰有巴中两国国旗图案，在招待会上十分引人注目。每逢中国国庆，纳赛尔先生还会在自己家里举办盛大的招待会，以兹庆祝。

接着要说说哈立克先生。他子承父业，与中国做五金生意，是中国的老客户，也是总领馆和经商室的老朋友。

在工作上，他给经商室帮过不少忙。哈立克几次陪同经商室工作人员到海关，协助解决贸易纠纷。为防止一些行为不端的人到中国举办的交易会上诈骗，他会提醒我们事先加以防范。每年中国国庆，哈利克家都要举办规模数百人的招待会。有一年国庆时他不在国内，待回国后还要补办。

每到宰牲节，哈立克家就会邀请总领馆和经商室的人到家

1995年12月，庞荣谦与哈立克在一起。

里做客，观看杀牛宰羊。宰牲节是穆斯林的重要节日，中国回族和维吾尔族等信仰伊斯兰教的少数民族也过这个节日，称为"古尔邦节"。在巴基斯坦，到了这一天，许多人家都会杀牛宰羊。牛羊提前买来，在家里养上几天，然后再行宰杀。宰杀之前先请客人观赏，再由阿訇诵经祷告，此后才可动刀。按照古兰经教义，未经阿訇祷告而宰杀的牲畜是不能吃的。哈立克家每次宰牲完毕，都要先由总领馆和经商室的人挑选，喜欢哪块拿哪块。我们此时就会拿出事先准备好的大盆，把挑选的牛羊肉装好，欢声笑语，满载而归。

哈立克还带我们去看过赎罪节，也叫"哀悼节"。在一个小广场上，有一支数百人的队伍绕着一个大圈游行，外面是一层层围观的人群。游行的人一边走动，一边用刀子砍自己的脊背。刀子不是一把，是一串用绳子穿起来的钢刀，游行的人们一边走，一边从肩头上向后抡着刀串，砍向赤裸的后背，每个人都砍得鲜血淋漓。但是看他们面部的表情，丝毫没有痛苦，有的只是平静甚至愉悦。听说他们这样做，是为了悼念在一次宗教战争中牺牲的先知穆罕默德的外孙侯赛因，体验他当时所受的痛苦。也有的说，这是对过去一年的罪过进行忏悔，为了驱逐心灵中的魔鬼。只要心灵得到净化，皮肉受苦是不在乎的。

哈立克会说相当流利的中国话，是到中国做生意时学会的。他说他曾经有一个中国女朋友，在宁波，人很漂亮，已经到了谈婚论嫁的地步，无奈由于女方家长的阻挠，最后不得不劳燕分飞。我到卡拉奇时，哈立克刚结婚不久，几年里妻子为他连生了三个儿子。孩子十分可爱，有时他会带到经商室来玩。

还有不可不提的马季。马季德先生是经商室的雇员，大家都叫他"马季"。

马季早在1953年就到经商室工作了，那时经商室还是中国驻巴使馆的商务处。上世纪 50 年代，周总理和陈毅副总理访问巴基斯坦，到中国使馆时，曾经和马季握过手。这件事使马季终生引以为豪，听到此事的人也都对他刮目相看。有人半开玩笑半认真地说，马季是中巴友好的象征。

我到卡拉奇时，他已在经商室工作了 42 年之久。他以前负责打扫卫生兼端茶送水，后来仍然打扫卫生，但因年纪渐长，端茶送水的事就不做了，更多地像是经商室的管家。什么东西找不到，一问马季，他准能很快就说出那件东西放在什么地方。经商室的一草一木都装在他的心里。到访经商室的客人，他几乎全都认识。他为人诚实本分，公私分明，从来不占公家便宜。他能用英语和别人交流，但 40 多年仍不会说中国话。我们问他，他说："我学会了中国话，你们之间说话就不方便了。"他和经商室的人建立了深厚的感情，哪个人任满回国，只要工作离得开，他都会到机场送行。他儿子结婚时，经商室所有的人都去他家里祝贺。

俗话说"铁打的营盘流水的兵"，经商室的人员换了一茬又一茬，只有马季一直在那里坚守。若干年之后，当人们提起经商室时，往往会问的是："马季还在那里吗？"

我离开卡拉奇以后，至少在我下一任参赞的任期内，马季仍然没有退休。再后面呢？渐渐地就没有得到他的消息了。

美好的记忆

在卡拉奇工作的三年半时间，是我人生中一段重要的经历，领导信任，同事支持，上下和顺，工作起来得心应手。那段时间留给我的，有许多愉快的美好的记忆。

我在卡拉奇工作时，遇到了两位好领导。前一位是王修才总领事，学普什图语的。王总为人本分，原则性强，有容人的雅量，是一位忠厚长者。他对我信任，我对他尊重，关系一直很融洽。

后一位是安启光总领事。安总是1997年夏秋之际到卡拉奇的，比我年长6岁，沈阳人，身材魁梧，性格中有一种东北人特有的豪爽。他是学乌尔都语的，1962年从北大东语系毕业，曾四次在中国驻巴使馆或总领馆常驻，在外交工作特别是对巴事务中有着丰富的经验。我非常希望从他那里得到工作上的指导和启示。安总对我则给予了充分的信任和全力的支持。和安总一起共事和相处，我总是感到很舒适，很轻松。总领馆本部和经商室虽然分驻两处，相隔约10公里，但来往很多，就像一家人一样。

经商室有6个编制，包括轮换的，那几年前后有十多位同事在这里工作。这些人都是从外经贸系统的几个不同的部门抽调来的，来之前基本上都互不相识。但大家在这远离祖国的地方，都以大局为重，团结协作，忠于职守，圆满地完成了各自承担的任务。作为经商室的领导，我在工作上提出的要求，比如加强调研、增强服务意识、"有信必复"等，都得到大家的支持。室内同事坦诚相待，有分歧，但从不争吵；有不同意见，但无人搬弄是非。为了中巴经贸关系的发展，大家心往一处想，劲往一处使，付出了许多的辛劳和汗水。

毋庸讳言，卡拉奇的环境有较艰苦的一面，我们想出办法，克服了各种困难。

——天气炎热。卡拉奇一年中多数时间是炎热的，4—6月间，最高气温经常保持在摄氏40—43度。参加一些需要着正装的大活动，常常汗流浃背。平时在烈日下面，也总感到灼热难忍。

——治安形势欠佳。由于种族矛盾、教派分歧、政党争斗等原因，那几年卡拉奇的治安情况不理想，有时还有骚乱、抢劫和暴力事件。经商室曾专门召集在卡拉奇的中国公司开会，共商对策。大家达成的共识是，首先必须加强自身防范意识，远离出事地点，一旦发生被抢的情况，则首先注意保护人身安全，不作任何无谓的反抗。至于财产方面，则尽可能避免损失。汽车事先上保险，以便在出事以后找保险公司理赔。

——缺水缺电。卡拉奇人口众多，水资源缺乏，用的水主要是从印度河引过来的。本来卡拉奇有完备的自来水系统，但由于常年干旱，自来水供应一直不正常。水不够了，就要用车到水站拉水。后来有人做起专门送水的生意。水车来后，先把水放入水窖，之后用水泵把水送到楼顶的蓄水池，最后蓄水池的水再流到自来水水管。供电也不正常，拉闸限电是家常便饭。总领馆和我们经商室都自备了柴油发电机，供电一停，立刻启用。

我们经商室的同志忙于为双方企业牵线搭桥，解决困难，同巴方政府部门商谈问题，向国内主管部门报送信息和建议。每天循环往复，周而复始，工作生活也很紧张繁忙。为了丰富年轻人的生活，我们因地制宜，想方设法，组织一些娱乐活动。

首先是参观游览。最常去的地方是真纳墓、海军教堂和月亮湾。

真纳墓是卡拉奇第一景点，是巴基斯坦的建国领袖、被称作"国父"的穆罕默德·阿里·真纳的陵墓，位于卡拉奇市中心。墓顶冠以巨大的半圆形曲面，四周是白色的围墙，大理石砌成的台基呈四方形，伊斯兰风格的方形白大理石陵墓主体屹立于棕榈树和各色鲜花之中。整体环境清新幽静，给人以庄严肃穆之感。这里必须提到的是，陵墓大厅中央悬挂的富丽堂皇的巨

卡拉奇市，巴基斯坦独立之父穆罕默德·阿里·真纳的陵墓。（供图：FOTOE）

大吊灯，是中国赠送的，表达了中国人民对巴基斯坦立国之父的崇高敬意。进陵墓参观要先脱鞋，并要保持安静。

海军教堂的正式名称为图巴大清真寺，是卡拉奇最大的清真寺，位于卡拉奇国防区。该清真寺的主体建筑——祷告大厅呈半球形，全部由白色大理石建成，通体洁白，在阳光照耀下显得格外庄严圣洁。据说大厅可容纳5000人同时祷告，如果加上外面的平台、走廊和草坪，最多可容纳3万人。

月亮湾属于自然风光类的景点，在卡拉奇西南方向约30公里的海滨，开车约一个小时可以到达。海边有一段厚厚的长长的砖墙，深入海水里，墙体中间有一个拱形圆洞，海水在洞下相通，因而人们给这里起了一个颇有诗意的名字——月亮湾。那里有个小卖部，供应食品和饮料。沿台阶而下，可以直到水边。沙滩上有骆驼和马，供游人租骑照相。也有吹葫芦笙的弄蛇人，指挥眼镜蛇随乐曲起舞。

有时也会去捉蟹、钓鱼。捉蟹的地方距月亮湾不远。当潮水退去的时候，海边的沙滩上就露出一个个的小洞，伸手进去，很可能里面就有一只螃蟹。我们在周末曾几次去那个地方，手拎塑料桶在沙滩上寻找蟹洞。螃蟹个头不大，当地人称之为沙蟹。个头虽小，但味道鲜美，非市场买来的大个螃蟹可比。

周末或节假日，我们还去钓过几次鱼。在卡拉奇钓鱼跟别处可不太一样。首先地方不一样。别处钓鱼都是在水边——河边、湖边或海边，也有在鱼塘边钓的，在卡拉奇则是到海里去。乘着租来的机动船，从岸边向海里开上 5 公里至 10 公里，把船停下，就到了钓鱼的水面。其次，别处钓鱼必须使用鱼竿，一套好鱼竿可是价值不菲。这里就完全不用鱼竿。船工已经事先为我们准备好一根根线绳，绳尾栓上鱼钩及铅坠儿，我们站在或坐在船边，把鱼钩垂直放进海水，就等鱼儿上钩了。鱼钓上来以后，船工会洗净、去鳞，并在船上烹炸，现做现吃。或许因为是自己的劳动果实，感觉味道特别鲜美。

令我经常想起及念念不忘的，还有卡拉奇的许多好吃的东西，因为我属于贪吃一族。烤羊腿和馕，那是穆斯林的美餐，我在别的地方也吃过，但没有卡拉奇的好吃。

多种多样的水果，也让我回味不已。先说芒果，巴基斯坦盛产芒果，1968 年巴领导人曾向毛泽东主席赠送芒果，毛主席又把芒果转送给工宣队。当时新闻媒体上有大量的宣传报道，有两个芒果还在清华大学展出过。大多数中国人包括我就是在那个时候才知道世界上有这样一种珍贵的水果的。这次来到卡拉奇，香甜的芒果几乎天天都可以吃到。再说西瓜，或许是由于气温高、日照长，卡拉奇的西瓜不用挑选，个个都特别甜。在暑热难挡的季节里，吃上几块从冰箱里拿出来的西瓜，那可是莫大的享受。还有石榴，巴基斯坦的石榴又大又红，汁多味甜，比我以前吃过的任何石榴都要好。还有番石榴，俗名"臭梨"，名字不太雅，吃起来却独有一种清香甜美的滋味。

宋代大文豪苏东坡有名句曰："日啖荔枝三百颗，不辞长作岭南人。"我模仿先贤的口气，在一首记述卡拉奇生活的打油诗中也写道："芒果甜又香，西瓜解暑长。日日食不停，身心健而康。"

回首卡拉奇的往事，有艰苦困难的一面，也有快乐幸福的一面，但我还是愿意用"美好"两个字来概括那几年的日子。

梦回卡拉奇

2012年2月，在我离开卡拉奇12年之后，又有机会重返巴基斯坦，旧地重游。这次是参加"中国前外交官七人代表团"，由巴基斯坦政府邀请并接待。出访是由北京大学巴基斯坦研究中心组织的。团长是前驻巴大使周刚，成员包括前驻巴大使陆树林，前驻卡拉奇总领事安启光，前驻卡拉奇文化领事、北京大学巴基斯坦研究中心主任唐孟生教授等。

这次访问，我们再次深深体会到巴基斯坦政府和人民的友好情谊。我们访问了伊斯兰堡和拉合尔两个城市。在首都伊斯兰堡，我们访问了巴基斯坦外交部、世界事务委员会、战略研究所、国防大学和巴中友好学会。在拉合尔，访问了国家博物馆和艾奇森学院。在艾奇森学院，我们受到极其热情友好的接待，院长艾贾祖丁先生请我们观礼学院的年度活动，还请我们乘坐观礼马车。此外，东道主还安排我们会见了当时的巴基斯坦总理吉拉尼先生以及旁遮普省省督，给予了很高的礼遇。在和各个部门的座谈中，双方畅叙60多年来特别是最近几年中巴关系的发展，也表达了共同努力把中巴友好发展到更高水平的愿望。

再次访问巴基斯坦，目睹了巴基斯坦近年来的一些变化，有的变化令人欣喜，也有些地方令人忧虑。

访问即将结束的时候，巴方陪同人员带我们去拉合尔一家叫做 Hyper Star 的超市购物。这是家新开的超市，规模很大，商品种类繁多，琳琅满目。这样的超市，以前在卡拉奇、伊斯兰堡和拉合尔都不曾见过。拉合尔国际机场也是近几年重建的，规模大了，也更加现代化了。作为巴基斯坦的朋友，对于她任何的进步与发展，我们都感到由衷的高兴。与此同时，也为她面临的一些困扰而忧虑。

这次访问中一个突出的印象是治安形势依然严峻。无论总理府还是外交部，凡属重要部门，都是戒备森严。从大门外很远的地方开始，就设置用水泥墩或钢架制成的蛇形路障，车队只能缓慢曲折地前行。荷枪实弹的军警严加守护。总理府甚至连手机、相机和手提包都不得带入。

所住的万豪酒店也是戒备森严，除本国领导人和外国高级代表团的车辆外，外来车辆包括使馆车辆都不得入内，只能停在外面，由"代驾"把车开到停车场，来人则步行进入酒店。进门要经过仪器扫描加上人工搜索，众多保安人员在周围巡查。

加强戒备令人望而生畏，但也是不得已而为之。2008 年9 月，就是我们住的这家万豪酒店，就曾发生汽车炸弹爆炸事件，酒店被炸去半边，死亡50 余人，伤者200 余人，被称为巴基斯坦的"9·11"事件。巴基斯坦是恐怖主义的重灾区啊！

按照日程，此次访问只到伊斯兰堡和拉合尔，未去卡拉奇。原因据说是因为时间不够，但估计还有安全上的顾虑。

卡拉奇去不了，未免遗憾。

希望有机会再次去巴基斯坦,特别是想再到卡拉奇看一看。实际上,在梦境里我已多次回到卡拉奇了。

朋友们或许都老了,我自己也已是七旬老人,但我们的友谊却历久弥坚。我们的后代也会继续友好下去。纳赛尔的两个儿子,都在继续做中国生意。哈立克的三个儿子,我离开时只有3—5岁,弹指间15年过去,如今应该已是18—20岁的翩翩少年了,就不知道会不会接他们爸爸的班跟中国做贸易呢?

希望两国高层领导增加互访,希望两国在经济文化等各个领域更多地交流,也希望两国人民更多地往来。

如今中国人出国旅游的越来越多,但是去巴基斯坦旅游的人还较少。其实巴基斯坦值得一看的旅游景点很多。我们这次在拉合尔参观了国家博物馆,博物馆里有大量文物,反映着巴基斯坦的历史。展览从塔克西拉讲起,塔克西拉在伊斯兰堡北方约50公里,是古印度也是巴基斯坦的发祥地之一,有2500年的历史。史书记载,著名的高僧玄奘西天取经时就到过这里,今天那里还很好地保存着玄奘学习和讲经的古庙遗址。听说今天的塔克西拉已比较荒凉,如果把它开发成旅游景点,相信很多中国游客会到那里去。

没去过巴基斯坦的人,很难真正地了解巴基斯坦;去过巴基斯坦的人,则大多会成为"巴粉"。

当然,也希望有更多的巴基斯坦人到中国来。

愿中巴两国永远携手,共同走向繁荣富强。

愿中巴两国人民永远幸福,永远安宁。

庞荣谦

(中国驻卡拉奇总领馆原商务参赞)

两则小故事

"送给中国叔叔"

中国驻巴基斯坦大使馆花园的假山里，有一只当地的山龟，它在那里已经生活很长时间了。说起它来，还有一段中巴友好的小故事呢：

一天，我们使馆附近聚集了好几个当地的小伙子，正在热烈地商量什么事情，一群孩子也围在那里喧闹着。在他们旁边的地上，伏着一只山龟。山龟生活在陆地，通常栖息在山区丘陵地带。年轻人刚才捕获了它，正在讨论如何处置。讨论的结

果，一致意见是把它赠送给中国大使馆，让中国叔叔喂养。从此，这只龟就在中国大使馆的花园里安下了家。

"我送你们去"

一次，我们要去巴基斯坦美丽的城市拉合尔，中途迷路了。恰巧，有一个年轻人经过我们身旁，我们向他问路。他看到我的座车上插着五星红旗，就自告奋勇说，"我送你们去。"他骑摩托车把我们一直送到拉合尔。这事过了近 40 年，现在我已记不得这个年轻人的名字，但我深深地记得他，他是我们的巴基斯坦朋友、巴基斯坦兄弟。

陆维钊

（中国前驻巴基斯坦、叙利亚、阿尔及利亚大使）

陆维钊大使 1977 年与巴首席执行官齐亚·哈克将军（左）在一起。

友谊的花絮

凡在巴基斯坦有过工作、生活经历，或是去过这个国家，甚至在第三国与巴基斯坦人打过交道的中国人，都会从内心赞同这样的说法：巴基斯坦的确是中国的"好邻居、好朋友、好伙伴、好兄弟"。

几乎所有去过巴基斯坦的中国人，哪怕是以非常普通的旅游者的身份，都会在不同场合，或是从不同层面感受到巴基斯坦民众对中国和中国人的友好之情。尽管巴基斯坦许多地方的气候较为炎热，但许多巴基斯坦民众对中国人的友好热情比盛夏的天气还要炽热。只要有东亚面孔的人在公共场合出现，在场的巴基斯坦人常常会主动上前问候致意，甚至有的直接会用中文说："你好""朋友"。一旦确认你是中国人，他们还会要求与你合影留念。难怪许多中国人会说，自己在巴基斯坦常常有一种当"明星"的感觉。

当然，巴基斯坦民众对中国人的这种友好之情，有时也会引起某种误会。如某些日本人和韩国人有时会被巴基斯坦民众误认为是中国人，结果莫名其妙地享受了一般只有中国人才能享受的热情和礼遇。

笔者因为工作关系，曾在巴基斯坦首都伊斯兰堡常驻过三年，比起许多到过巴基斯坦的国人，特别是那些只在巴基斯坦有过短期经历和去那儿旅游的同胞来说，自然多了不少享受这种礼遇和优待的机会。为此，笔者常常会暗暗窃喜，尤其是在听到有国人抱怨在其他国家和地区所遭遇的那些不快和不公时。

1997年2月下旬的一天，笔者完成了在阿富汗境内为期一周的采访，从阿富汗的楠格哈尔返回巴基斯坦。那天搭乘的可能是最早的一班车，抵达阿富汗与巴基斯坦交界的口岸时，两国的边检人员还没有上班。于是，本人决定原地等候，待双方的口岸工作人员上班后再办理过境手续，进入巴基斯坦。

　　当时，同车认识的两位巴基斯坦朋友，由于做生意经常往返于阿富汗和巴基斯坦两国，或是还有其他方面的原因，他俩不等口岸工作人员上班，办理正规的过境手续，便自行跨越国界，从阿富汗进入巴基斯坦。他俩在与笔者道别后，就径直朝巴基斯坦方向走去。

　　大约等了40分钟左右，口岸那边可以办理过境手续了，笔者马上凑了过去。好在要办过境手续的人不多，没费多长时间就办完了，很快便离开了阿富汗，踏上了巴基斯坦的国土。但令笔者始料不及的是，那两位同车并提前返回巴基斯坦的朋友，此时正在巴基斯坦那侧等待。此情此景，笔者不只是又惊又喜，而且更多是感动和感激。毕竟人家与自己仅仅是萍水相逢，犯不着要为一位外国人花费更多的时间和精力。

　　这两位巴基斯坦朋友告称，之所以要在那儿等待，一是为了确认笔者能够平安进入巴基斯坦，二是担心笔者人生地不熟，无法顺利抵达巴基斯坦城市白沙瓦。他俩非常热情地将笔者带到一个像是负责安全和治安的机构，那里进进出出的人都配有制式枪械。两位朋友与那儿的一个负责人说了一番，虽然笔者听不懂他们说了什么，但看着他们脸上洋溢着的友好，也能明白几分。估计他们一定在说：这是一位刚刚离开阿富汗的中国朋友，现在要去白沙瓦，再从那里乘航班返回伊斯兰堡。从这里到白沙瓦还有几十公里路程，而且都是山路。请一定关照好这位中国朋友的安全。

王南在伊斯兰堡与巴朋友合影。

　　很快，一位持枪的年轻人便被指派为笔者的随身护卫。大家一起来到租车的地方，在这里，笔者才与那两位与我同车从阿富汗过来的巴基斯坦朋友拥抱、道别。笔者也在持枪人的护送下，乘车前往白沙瓦城里。

　　从边界口岸到白沙瓦的路上，先后共有三位持枪人为笔者护卫，当然这是一种"接力式"护卫，即一位护卫者在陪了笔者一段路程后，就会有另一位护卫者接替，直至将笔者安全送达白沙瓦城里。笔者曾问他们如何返回自己的岗位，是否需要一些交通费，但都被他们谢绝。

　　这一带是世界闻名的开伯尔山口，它是连接南亚和中亚的重要通道。在差不多两个来小时的路上，护卫者都是持枪与笔者并排坐在一辆老旧的车上，一路颠簸地朝前行进。彼此多数时候很少说话，只是偶尔相互对视笑笑，总之也还默契、愉快。

　　进到白沙瓦城里，笔者同样是人地两生，不知如何前往白沙瓦机场。于是，笔者拦下了一位正在赶路的年轻人，向他说明了意图。这位朋友听罢之后，便陪笔者走了一小段路，然后截下了一辆在巴基斯坦城乡各地极为常见的交通工具——"蹦蹦车"，并告诉车主送笔者去当地机场。为了表示感谢，笔者当时掏出了一些卢比（巴基斯坦货币），算是给他的小费。谁知这位年轻人坚决不收，还说"你是中国人，你是我们的朋友。"

二

在巴基斯坦工作、生活时间长了，特别是作为一名新闻记者，自然免不了要接触巴基斯坦的各界人士，包括一些在当地颇有身份的人士。有些交往时间长了，也会彼此串门做客，就像好朋友和亲戚那样。

有一位名叫巴蒂的巴基斯坦朋友，他在国家广电部门工作，级别相当于中国的厅局级。他也是许多在巴工作的中国人公认的朋友，尤其是在巴常驻的中国新闻同行的朋友。中国朋友应邀去他家做客是件很平常的事。每次在他家吃饭，他的妻子、儿子和女儿也会一起作陪，并且参与主客之间谈话和交流。这种情况若在中国可能算不了什么，但在穆斯林社会，此举则意味着一种特殊的待遇，表明主人对客人的信任和友好已到了相当的程度。

笔者已记不清去巴蒂先生家做过几回客、吃过几回饭，但不能忘怀的是他对中国和中国人的真挚情感。他会如数家珍般地告诉你他去中国访问的经历和感受，他会将自己从中国捎回的物品展示给你，也会将自己对中国发展进步的喜悦与你共同分享。

可以说，巴蒂先生与中国朋友之间，甚至他的家人与中国朋友之间，几乎是无话不谈。毕竟大家都是好朋友，谁也没把对方当作外人，所以交谈时某些比较隐私的话也不回避。巴蒂先生就曾向笔者说过他首次访华时遇到的一件"尴尬"事。

　　大约是上世纪 60 年代中期某个时间，他随巴基斯坦一个代表团访问北京。那是巴蒂先生第一次来中国，当时他还是一位年轻人。中方接待规格也较高，还在人民大会堂设宴款待他们。他说，他和代表团其他成员围坐在一个桌旁，上面已摆好了 10 道上下的菜肴，而且都是大盘大碟，当然还有果汁饮料什么的。正式开吃之后，不知是巴方代表团成员头一回品尝地道的中餐美食，还是访华行程太紧让他们多消耗了几分体力，或是二者兼有的缘故，这些餐食很快便被风卷残云般地一扫而光。仗着年轻胃口好，巴蒂先生说自己当时也没少吃，等这些盘碟撤下桌时，连吃带喝差不多已经饱了差不多七至八成。

　　然而，巴蒂先生和他的同事们有所不知的是，刚才他们吃下肚的只是中式宴会头一轮的凉菜。紧接着是一轮热菜，而且是一道接一道地上，不但数量更多，而且色彩也很丰富。这些色香味俱全的美食令巴蒂等大开眼界，此时尽管胃腹所剩空间无几，也不愿放弃品尝的机会。无奈几道热菜之后，这些巴方友人的"战斗力"便呈陡降之势，虽说一款款美食当前，实在是无力享受。对于其后上来的热菜、汤羹、点心、水果等，大多只能是看一看，胃口再好的人也吃不动了。这回，巴蒂先生算是对中式宴会有了具体的印象，知道了中式宴会的头一轮菜只是凉菜，真正的主菜、大菜什么的还在后面呢。

　　都说"记者是无冕之王"，笔者对此的理解是，这倒不是说记者有多大的权力，拥有多少财富，或许原因之一在于记者经常有机会接触各式各样的人物，甚至国家级政要等大人物。笔者在巴基斯坦就有类似的经历，而且还从这一特殊侧面感受到巴基斯坦各界人士对中国和中国人的友好之情。

　　1996 年 11 月 5 日，笔者才到巴基斯坦工作仅一个来月，

王南在伊斯兰堡费萨尔清真寺留影。

不意却遇到了巴基斯坦的政局大事。当天，时任巴基斯坦总统莱加利颁发政令，宣布解散人民党执政的贝·布托政府。而当时作为反对党的穆斯林联盟，自然是欢天喜地，兴高采烈。许多穆斯林联盟成员和拥戴者纷纷涌向街头，举行庆祝游行和集会。

出于采访报道的需要，笔者也来到伊斯兰堡街区各处进行实地采访。不经意间跟着一队人马来到了城中的一个院子，再进到院内一栋房子的大厅。此时里面已经坐满了人，而巴基斯坦前总理、穆斯林联盟主席纳瓦兹·谢里夫正在前面的主席台跟前。此时笔者方知，这可不是一个普通的地方，而是巴基斯坦穆斯林联盟在伊斯兰堡的总部。因为谢里夫领导的穆斯林联盟和贝·布托领导的人民党是巴基斯坦两个最大的党派，这个地方的重要性自然也就不言而喻。

正当笔者为是留是去而纠结时，一位负责现场安全的人员或许早已发现本人属于"来路不明"之类，急忙一边朝笔者走来，一边挥手示意笔者出去。此时，一个令笔者始料不及的事情发生了，只见谢里夫赶紧招呼那位安全人员停住，同时也示意笔者过去。笔者很快便来到谢里夫面前，首先向他呈递了名片，告诉他自己才来巴基斯坦不久。谢里夫面带微笑和友善与笔者握了握手，并说"欢迎你来巴基斯坦"，还让他的同事们允许笔者留在那里。

于是，笔者很快被安排在现场居中的地方坐了下来。不多久，谢里夫便向在场的人发表了一番慷慨激昂的演讲。由于他是用巴基斯坦国语乌尔都语作的演讲，笔者无法听懂。旁座的巴基斯坦朋友见状，就自愿当起了笔者的翻译。当时，谢里夫除了庆贺贝·布托政府解散外，还对穆斯林联盟作了动员，号召大家为迎接即将举行的大选而努力。笔者通过这位巴方友人还得知，当时在场的人几乎都是穆斯林联盟的核心成员和重要成员，如果穆斯林联盟能赢得下一届大选，其中许多人将会出任政府的高官。

就这样，笔者误闯误撞、稀里糊涂地参加了巴基斯坦最大政党之一穆斯林联盟带有"中央全会"性质的重要会议。能够享有如此殊荣，完全是因为贵为巴基斯坦著名政要的谢里夫，当时并没有将一位来自中国的普通记者当作外人。此后不久，谢里夫于1997年2月再度当选总理。时至今日，每每想起此事，笔者仍有一种受宠若惊之感。

三

众所周知，1997年是一个令中国人和普天下华人扬眉吐气、备感骄傲之年，因为香港在这一年的7月1日回归祖国。同样，这也是一件举世关注的事情，无论是在中国国内，还是在其他国家。

当时笔者在外工作，虽然无法感受香港回归前国内的欢喜场面和气氛，但从自己在巴基斯坦的经历来看，巴基斯坦各界民众对于香港回归中国的喜悦和兴奋，几乎与中国人无异。就像不少巴基斯坦人说的那样：只要是中国的好事，也同样是巴基斯坦的好事！

尽管许多巴基斯坦民众与中国人怀有同样的高兴心情来看待香港回归中国这件事，但他们之中的绝大多数并不了解香港问题的由来。有的巴基斯坦人甚至会问：处于英国统治下的香港，怎么马上就要回归中国？笔者答复时自然会从鸦片战争说起，再联系英国对南亚次大陆的殖民统治与掠夺，还有中国与英国就香港问题的谈判，以及"一国两制"构想等。那阵子自己到底作过多少次这样的问题解答，早已是一个说不清的数字。但令笔者欣慰的是，在对香港问题有了一定的了解后，那些巴基斯坦民众不光是为香港回归中国感到高兴，还对中国的过去和现在有了更多、更深的了解，在内心深处与中国和中国人有了更多的共鸣，同时也更加看好香港的未来。

待到临近 7 月 1 日之前的那两天，笔者将自己的住处打扫一新，还在房顶升起了中国国旗和巴基斯坦国旗，屋内也用彩旗和画贴作了一番装饰，还用录放机反复播放中国和巴基斯坦的爱国歌曲，以这种庄重喜庆的方式迎接香港回归中国。那几天不光笔者本人，其他在巴基斯坦的中国人都有同样的"遭遇"，那就是常常会有巴基斯坦民众前来向你表示祝贺，而其中不少人是你不认识的。有一些笔者认识的巴基斯坦朋友还专门打来电话致贺，有的还特意亲笔写了贺卡。7 月 1 日前后那几天，更有一些巴基斯坦朋友，包括笔者住处的左邻右舍，还亲自来到笔者的住处登门道贺，似乎不这样就不足以表达他们致贺的真诚之心。

今天回想起来，在巴基斯坦经历和感受香港回归的那段时日，笔者不但又一次真切了解和领略到巴基斯坦民众对中国和中国人民的友好情谊，自己对巴基斯坦的感情也在进一步加深，并将此化为工作的动力和鞭策：一定要为中巴友好事业，一定要为巴基斯坦的发展和进步作出自己应有的贡献。

王南

（人民日报主任编辑）

如果你爱中国，也请你爱巴基斯坦

早就听说，人们把巴基斯坦称作中国的"铁哥们"。"百闻不如一见"，1996年我进入外交部亚洲司后，有幸被分到五处，主管巴基斯坦事务。1999年，我又被派到驻巴基斯坦使馆担任大使秘书。后来，我又先后担任五处副处长、处长，加起来已同巴基斯坦打了近10年的交道了。

在中国人民心目中，巴基斯坦始终是可以信赖的"铁杆"朋友。现在，网友亲切地称其为"巴铁"，这是中巴友谊的真实写照。中巴友好的故事说不完，我就讲几个亲身经历的小故事吧。

1997年，我随同中国政府特使、全国人大常委会副委员长陈慕华访问巴基斯坦，参加巴独立50周年庆祝活动。那是我第一次访巴，一切都让我觉得十分新奇和亲切。代表团所到之处，无论是伊斯兰堡、拉合尔还是卡拉奇，都受到热情隆重的欢迎。那飞撒的花瓣和灿烂的笑脸仿佛就在昨天，巴基斯坦人民真挚友好的情谊令我终生难忘。

根据当时的惯例，中国领导人访问拉合尔都要出席市民招待会并发表讲话，而且讲话要译成乌尔都语。那是访问中唯一一场使用乌尔都语翻译的活动，用现在的话说，也是最"接地气"的一场活动。那次招待会规模有上千人。陈慕华特使讲话很成功，人群中多次爆发出欢呼和掌声。代表团离开时，我走在后面，走到车队跟前时，一个巴基斯坦人伸出宽厚的双手，紧紧地握住我的手不放，热情地同我道别。他的话发自肺腑，朴实真挚，非常感人。车队就要离开了，他只好放开我的手。

巴基斯坦总统穆沙拉夫夫妇做客中国使馆。左2为陆树林大使，左1为赵立坚。

我赶快上车，在移动的车中向他招手告别。我此后再也没有见过他。直到今天，每当提到拉合尔，我脑海中总是浮现出他那友好、真挚的目光，仿佛还能感觉到那双宽厚的手带给我的温暖、友谊和力量。

2001年是中巴建交50周年。4月的一天，巴军方举行庆祝招待会，邀请陆树林大使等主要外交官和中国驻巴新闻机构、公司及留学生代表等几百人出席。庆祝活动没有安排在饭店，而是在总理府附近的露天场地举行。巴方还神秘地说，将有神秘人物出席。后来谜底揭晓，是巴首席执行官兼陆军参谋长穆沙拉夫上将！人们都欢呼起来。宴会过程中，陆大使和穆沙拉夫被邀请到一张方桌旁，主持人请他们分别同时按下两个按钮。人群中再次爆发出热烈的欢呼声和掌声。只见几百米外，马格拉山的半边山坡都亮了，灯光组成的"巴中友好50年"英文字赫然在目。那天晚上，所有的中国人都纷纷去同穆沙拉夫合影，直到用完了所有的胶卷。我们都沉浸在中巴友谊的海洋之中，至今仍记忆犹新。

不久，朱镕基总理于 5 月访巴，将中巴建交庆祝活动推向高潮。朱总理在巴受到极为热烈隆重的欢迎和接待，首席执行官穆沙拉夫和许多高官亲到机场迎接。巴方安排朱总理下榻总统府，在机场到总统府的路上，人们载歌载舞，高呼"巴中友好万岁"的口号，沿途彩旗和大幅欢迎标语到处飘扬，路口还树立着朱总理的巨型肖像。我还注意到，人们还安排马跳舞，骏马奇异而美妙的舞步给我留下了深刻的印象。总之，巴基斯坦人民用一切可能的办法表达对中国总理的欢迎之情。朱总理和夫人抵达总统府时，塔拉尔总统和他的女儿亲到总统府门口迎接，这是罕见的高规格礼遇。就在这次访问的过程中，中巴两国就合作建设瓜达尔港达成原则协议，两国间又有了像喀喇昆仑公路那样的里程碑式的大合作项目，并且不久就开了工。那段日子，我们使馆的同志都很忙，但觉得过得很有意义，特别愉快。

2003 年，从巴基斯坦离任回国的那个晚上，我同使馆及在巴工作的同事们依依惜别。到了机场办完手续后，使馆同事们都回去了。这时，有两位巴朋友赶到机场专程来送我，让我感动得热泪盈眶。他们是巴原子能委员会负责同中国使馆联系的联络官，同我联系很多。我离任前，的确有不少巴朋友为我饯行，但我实在没想到他们会不辞辛苦地跑到机场来。后来，他们成了我一生的朋友。我每次访问巴基斯坦，都会抽时间打个电话或同他们见个面。每逢中国春节和巴基斯坦开斋节，不管身在何地，我们总会收到彼此的问候和祝福。

2013 年 5 月，我随同李克强总理访问巴基斯坦，有幸见证了这次历史性的访问。李总理来访受到巴方热烈欢迎，巴方出动 6 架中巴联合研制的"枭龙"（FC-1）战机为李总理专

巴基斯坦空军"枭龙"（FC-1）战机为李克强总理专机护航。（供图：中新社）

机护航。巴方护航飞行员技术非常高超，战机同专机同速同向飞行，处于相对静止状态。专机上的人们都对准"枭龙"战机从各个角度拍摄，巴方飞行员则向专机敬礼和微笑，神态和模样都看得很清楚。虽然5月的巴基斯坦气温高达40多度，但中巴友谊的温度比气温还要高。巴总统扎尔达里和看守政府总理霍索亲自到机场迎接，并在机场举行隆重的欢迎仪式。仪式还没有结束，我们的衣服都湿透了。

李总理访巴期间，同巴领导人和各界人士广泛互动，双方发表联合声明，两国领导人见证签署16项合作文件。中方派出的投资贸易促进团还同巴方签署10多项合作协议，采购总金额达4.5亿美元。李总理重点推动中巴经济走廊和进一步建设瓜达尔港两大重点项目，充分表明了中国新一届政府巩固和发展中巴关系的坚定决心。此次访问开启了中巴关系的新阶段，规划了务实合作的新方向，提升了传统友谊的新高度。

李总理访巴期间，我参加了几乎所有的重要活动。李总理工作风格务实、细致，文采斐然。李总理在巴议会发表演讲，巴议员以拍击桌面代替鼓掌，欢呼、掌声多达16次。在同巴方会谈、会见中，李总理并没有按照事先准备的谈参照本宣科，而是站在更高的高度，同对方就需要推动和讨论的事项进行沟通，逻辑严密，语言精准，重点突出，让巴方和中方代表团成员都十分敬佩。在同巴基斯坦友好人士座谈时，李总理将中巴友谊概括为"钻石般的友谊、金不换的友谊和常青树般的友谊"，便是出自他本人原创，可谓信手拈来，字字珠玑，引起在场人士强烈共鸣。巴各界为李总理平易近人、博学谦逊的风度所折服，认为这代表了中国作为新兴大国的正能量、新形象。

有朋友说，第一次常驻的国家如同初恋情人，让人难以忘怀。我到巴基斯坦工作时刚新婚不久，在北京还没有真正的家，夫人去随任后，让我第一次拥有了属于自己的家。我们离任前，夫人还怀了身孕，加上巴基斯坦对中国那么友好，我不爱上巴基斯坦才怪呢。巴基斯坦自然成了我的第二故乡。

有位网友的留言让我印象深刻："中巴关系没有最好，只有更好。如果你爱中国，也请你爱巴基斯坦。"我为有机会同巴基斯坦打交道和为发展中巴关系服务而自豪。但愿我能有机会，在有生之年更多地为巩固和发展中巴友谊贡献自己微薄的力量。

赵立坚

（中国外交部亚洲司处长）

文化
篇

文化之旅巴基斯坦

　　1964年9月，我赴巴基斯坦卡拉奇大学文学院进修乌尔都语言。同我一起的还有陆树林同学，四年前我们曾在印度德里大学学习乌尔都语言，但是只有两年学习时间，对学习一门历史悠久的语言来说，时间实在是太短了。幸运的是，1964年9月，中国同巴基斯坦签订文化协定，互相交换留学生，我们又被外交部派到卡拉奇大学进修乌尔都语言。

　　巴基斯坦全称巴基斯坦伊斯兰共和国，巴基斯坦意为"清真之国"。提出巴基斯坦立国思想的是后来深受巴基斯坦人民爱戴的大诗人、哲学家伊克巴尔，而真正实现立国者则是被巴基斯坦人民尊为"伟大领袖"的穆罕默德·阿里·真纳。

1947 年 8 月，真纳在卡拉奇宣布建立巴基斯坦，巴从此独立。巴基斯坦起初是英联邦的自治领，1956 年成为共和国。巴基斯坦宪法明文规定伊斯兰教为国教，国家通过法律保障穆斯林必须依照伊斯兰教教义和创始人穆罕默德的圣训来安排工作和生活。

回忆起当年我刚踏上巴基斯坦美丽的国土时，感觉宛如进入了一座无限广阔的大清真寺，那里的绝大多数居民都信奉伊斯兰教。随着在巴基斯坦学习和生活的时间越来越久，这个国家给我的印象是伊斯兰教信仰比政治理念更重要，《古兰经》的价值亦远在宪法之上，从早到晚，信仰伊斯兰教的居民都要定时祷告。此外，她的历史、文化、生活方式还说明，这是一个既古老又年轻的独特国家。

巴基斯坦国语——乌尔都语

1964 年 10 月，我们顺利地进入卡拉奇大学学习。卡拉奇大学是一座年轻的综合性大学，它的历史几乎就是这个国家的历史。据老师说，1947 年印巴分治时，有许多大学的教授、讲师从德里大学、阿里加大学等地随迁到卡拉奇定居。巴基斯坦政府成立不久，卡拉奇大学就建立起来了，大学里各院系科的老师很多是来自印度名校的顶级知识分子，而且文理科等各类人才济济。我们就读的文学院乌尔都语系单是高级讲师和教授就有十几位之多，像阿布·蓝斯·西德基、阿布·海尔·卡希菲、沙阿·阿里·贾玛尔等教授都亲自给我们授课，有的讲授语音课，有的讲授阅读课，还有老师专门讲授乌尔都文古典诗歌课。我们感到学院里的文化学术氛围特别浓厚，在这样的环境里学习真是受益匪浅。主授课老师（有如研究生导师）阿

1991 年 10 月，魏渭康在拉合尔夏丽玛公园与欢迎中国领导人的巴基斯坦小朋友在一起。

布·海尔·卡希菲对我们特别关心，平时除了在课堂上精心讲课外，在课余时间还抽出时间对我们进行辅导，并邀请我们到他家里作客，请我们吃地道的巴基斯坦美食。另外，卡拉奇大学里还有许多同学经常找我们一起聊天，有意同我们讲乌尔都语，帮助我们提高语言能力。其中有一位叫阿什拉夫的同学，他常常在晚饭后同我们一起散步，讲各种故事，通过这种形式帮助我们认识巴基斯坦文化，提高听说能力。

1947年8月巴基斯坦独立后，政府宣布官方语言为英语。但是，巴基斯坦的国语是乌尔都语，除此以外，巴四个省还有自己的方言，即旁遮普省的旁遮普语、信德省的信德语、俾路支斯坦的俾路支语、西北边境省（现已改名为开伯尔—普什图省）的普什图语。巴基斯坦政府规定，每所小学校的学生从一年级开始必须学习乌尔都语，因此巴基斯坦每个有文化的公民都能阅读和书写乌尔都文。巴基斯坦报纸中，发行量最大的是乌尔都文《战斗报》。

乌尔都语在南亚次大陆历史悠久，流行面广。不仅在巴基斯坦，在其他国家，如印度，不管穆斯林还是印度教徒都能讲，如印度前总理尼赫鲁就会讲一口流利地道的乌尔都语。现在，印度仍然有1亿多居民讲乌尔都语。

据一些语言学家研究认为，"乌尔都"一词源于突厥语，意为"军营"，也有称"军营语言"的，这是因为乌尔都语的出现同军队有关。大约从公元8世纪开始，穆斯林进入南亚次大陆，带来了阿拉伯、波斯、突厥等语言，这些外来语言和当时北印度的方言相混合，慢慢地形成一种新的语言。因为这种新语言首先在军营使用和传播，所以被称为"乌尔都"。历史上，穆斯林在印度建立的王朝曾统治印度近千年之久，因此乌尔都语得以发展和广泛传播，逐渐成为北印度的流行语言。乌尔都语在巴基斯坦独立运动中得到很大发展，在1947年独立后的东、西巴基斯坦穆斯林居民基本上都能讲乌尔都语，即使以讲孟加拉语为主的东巴基斯坦居民也大多能讲些乌尔都语。

中巴人文交往源远流长

学习期间，我们从老师的课堂上或从社会上获得的知识中了解到，巴基斯坦是一个既年轻又古老的国家。说它年轻，是因为它获得独立才刚刚十几年。但是，现今巴基斯坦这块国土的历史却可以追溯到远古时代。在这片广袤的土地上有许许多多的名胜古迹，还有一些是远古时代的先人留下的遗址，其中最有代表性的是位于信德省的穆亨竺达罗（又称"死亡之城"），它是巴基斯坦古老而灿烂文明的典型代表。

穆亨竺达罗遗址位于卡拉奇东北约300公里的地方，在印度河西岸、前总理佐·阿·布托的家乡附近，它代表的古印度河流域的文明距今有约5000年历史。从考古挖掘的遗址来看，当时城市的面积相当大，设计布局合理。用泥坯建成的房屋、街道及庞大高塔等排列有序，这些建筑的周围还有会议场所、储藏室、浴池、水井、下水道等设施。出土文物中，有人物塑像、未知文字、许多陶器及装饰品。

印度河流域文明不仅在南亚次大陆流传广泛，而且很早就传到神州大地了。据专家考证，早在2000多年前，中国和巴基斯坦的古代先民们就已经开始接触，世界闻名的丝绸之路就是最好的历史见证。当时的"西天"就是现在的南亚次大陆。据史书记载，大约在公元前126年，中国汉朝出使西域的使节张骞曾经到过当时的贵霜王朝，也就是现在的巴基斯坦北部和阿富汗等地。之后，大约在公元400年时，中国东晋高僧

法显也到过现在巴基斯坦北部的斯瓦特地区。公元 6 世纪时，我国著名旅行家宋云也到过斯瓦特地区，其著作中曾提到这个地方："此处土地肥沃，物产丰富。"中国唐代高僧玄奘曾到过今天巴基斯坦的白沙瓦、塔克西拉、拉瓦尔品第、拉合尔等地方，玄奘的名字在巴基斯坦家喻户晓，拉合尔的地方志中还提到了他的著作。由此可见，历史上中国和巴基斯坦两地人民之间的人文交往源远流长。

我们在大学学习期间逐渐了解到，要学好乌尔都语，必须好好学习乌尔都文诗歌。南亚次大陆历史上曾产生过许多深受人民喜爱的著名诗人，如米尔·塔基·米尔、迦利勃、伊克巴尔等。他们的许多诗句脍炙人口，常被人们在"文化沙龙"中演唱或文章言谈中引用。巴基斯坦立国思想的倡导者、深受次大陆人民爱戴和推崇的大诗人伊克巴尔曾在诗歌中赞美中国："沉睡的中国人啊，已在觉醒；喜马拉雅山的源泉啊，就要沸腾！"我记不清在巴基斯坦时曾多少次听到朋友们津津乐道地朗诵这些名句。巴基斯坦人民热爱自己的文化，特别酷爱诗歌。大学里的老师或学生，不分文科还是理科，大多能出口吟唱几句"厄扎尔"诗歌。大学里还成立各种文化社团，其中尤以诗社最为活跃，常常举办各种文学活动和诗歌演唱会。举办诗歌朗诵会时，总是台上台下热闹非凡，有人唱出一句妙诗，立刻会引来一片"哇，哇"的赞美声。

1965年4月，周恩来总理出访回国途中顺访巴基斯坦，当时我们正在卡拉奇大学学习，使馆领导让我们也到机场列队欢迎周总理。当周总理走到我面前时，使馆领导介绍说："这是学习乌尔都语的留学生魏渭康同学。"周总理微笑着说："好啊！学习几年了？"我回答说："三年多了。"周总理听后说："好好学习，将来会有用的！"这是我第一次见到敬爱的周总理，时间虽短，却给我留下了深刻的印象。周总理的亲切教导，成了鼓舞我更加努力学习乌尔都语和深入了解巴基斯坦文化

1965年4月2日，周恩来总理抵达卡拉奇开始访问巴基斯坦。图为周总理在卡拉奇机场与前来迎接的中国留学生魏渭康（右2）、陆树林（右1）握手。

1966 年 3 月，刘少奇主席、陈毅副总理访问巴基斯坦。图为陈毅副总理在拉合尔市民招待会上讲话，由魏渭康（右后）翻译成乌尔都语。左为巴外长佐·阿·布托。

的强大动力。

　　1966 年 3 月，中国国家主席刘少奇和夫人王光美在陈毅副总理和夫人张茜陪同下对巴基斯坦进行国事访问。使馆领导指派我担任王光美同志的乌尔都语翻译，这也是我第一次担任乌尔都语翻译。我感到既高兴，又有点担心，生怕不能完成任务。那天，刘主席夫人王光美去拜会巴总统阿尤布·汗夫人，由于巴总统夫人不讲英语，所以由我用乌尔都语翻译。开始我有些紧张，但很快稳定了情绪，因为我在巴已经进修学习了一年多时间，对乌尔都语言和巴文化知识已有了较好基础，从而较好地完成了翻译任务。第二天，在一次外交活动之前，巴总统阿尤布·汗见到我时还表扬我乌尔都语讲得好，问我在哪里学的乌尔都语。我告诉他我是在卡拉奇大学学的，他听后表示很高兴。之后，刘主席和夫人王光美一行还访问了拉合尔，巴方在拉合尔夏丽玛花园举行盛大的市民招待会，陈毅副总理代表刘主席在市民招待会上致辞，由我翻译成乌尔都语。由于陈毅副总理的讲话被译成当地语言，所以他每讲一段话，群众都热烈鼓掌，甚至高呼"巴中友谊万岁"的口号。当然，这种热烈的场面，源于巴基斯坦人民对刘少奇主席和陈毅副总理的真诚欢迎，但是也有对中国朋友运用乌尔都语言进行翻译的赞

1979 年 10 月 1 日，齐亚·哈克总统出席中国驻巴大使徐以新举行的国庆招待会，魏渭康（右 3）担任翻译。

赏。那天晚上，刘主席和夫人王光美还出席观看了巴方的专场文娱晚会。他们对充满浓厚巴基斯坦民族风情的歌舞节目看得很仔细，还不时让我给他们翻译。虽然对巴基斯坦的文化知识我平时也非常注意学习，但是对歌舞类知识还是较少了解，在翻译时有些紧张，幸运的是刘主席和夫人王光美也没有太细问。刘主席和夫人王光美访问巴基斯坦的整个过程中，由过家鼎同志担任英文翻译，这位经验丰富的高级翻译给我许多帮助和指导，使我获益匪浅，永远难忘。

1966年7月，经过期末的笔试和口试，我们取得较好成绩，获得研究生文凭（结果公布在巴基斯坦英文版《黎明报》上）。从卡拉奇大学毕业后，我们分别留在驻巴基斯坦使领馆工作。从此，我开始了在驻巴使馆先后三次、长达15年之久的工作。由于学过四年乌尔都语和巴基斯坦文化历史，我在驻巴使馆工作期间可以说顺风顺水、得心应手。1988年8月被调回国后，外交部又任命我担任巴基斯坦、孟加拉国、阿富汗处处长，直至1991年12月。在长达20余年的时间里，我一直与巴基斯坦事务结缘，深深感到中巴两国人民之间有着深情厚谊，而巴基斯坦人民那种热情、友好、正直也给我留下难忘的印象。

长寿之乡——洪扎

洪扎原是巴基斯坦北部地区的一个土邦王国，位于中国新疆西南方的克什米尔北部，面积约600平方公里，平均海拔2400米，山高平均3000米，四面被雪山环绕，地势十分险要。洪扎也被称为巴基斯坦的"香格里拉"，当地生活着约5万居民。洪扎土邦旧称"坎巨提"，同中国特别是新疆地区有密切的历史联系，1963年划界时划归巴基斯坦。

上个世纪 60 年代，笔者被派到中国驻巴基斯坦使馆工作，有机会了解关于洪扎土邦的一些情况和故事。当年大使馆没有自己的馆舍，因此曾经租用过拉瓦尔品第的"洪扎王府"（Hongza House），并将文化处设在那里多年。洪扎王尕詹法尔先生平时住在洪扎，但他在巴基斯坦多个城市建有公馆，并将拉瓦尔品第这座公馆称为"冬宫"，他和家人只在冬天住在这里。他为了表示对华友好，特意将公馆的底层租给中国驻巴使馆文化处使用。有一次，文化处主任设宴招待洪扎王尕詹法尔先生，他从别处赶来赴宴，前呼后拥，气派十足。当时，巴基斯坦政府虽早已取消土邦制度，但巴国内的许多土邦仍享有特权，如小汽车的牌子是红色的，还有持枪保镖等。

　　1969 年 4 月，笔者曾陪同中国驻巴基斯坦使馆临时代办去喀喇昆仑公路工地慰问中国筑路工人。当时我们曾进入洪扎地区，当地老百姓看到我们时非常友好，有的招手，有的鼓掌，还有的人高呼"巴中友谊万岁"的口号。临时代办还专程到王宫拜访土邦王尕詹法尔先生，土邦王对中国援助修建喀喇昆仑公路表示非常感谢，认为公路建成后将给洪扎地区居民的出行带来便利，并有利于旅游事业的发展。

　　洪扎土邦堪称巴基斯坦最美丽的地方，全境千山环绕，洪扎河从中间穿过，混浊而湍急的雪水在河里哗哗地流着，全境犹如不受外面世界污染的人间净土。在上世纪 70 年代喀喇昆仑公路开通前，这里与世隔绝，只有大山绝壁上几条羊肠小道连接着外面的世界。洪扎人过着"日出而作，日落而息"、与世无争的半牧半农的生活，他们在雪山峡谷之间开辟一些梯田，种植玉米、麦子和薯类，一年只种一季。此外，许多家庭都有饲养牛羊和家禽的习惯。

　　洪扎地区的居民喜欢在房前屋后和田间地头种植水果树，

杏子是他们的最爱。洪扎人的餐馆用杏肉可以做成一顿饭，每个餐馆里都有一道叫"杏子汤"的特色菜，味道有点怪异，外地人很难接受。杏干又硬又干，吃这种果干必须有一付好牙齿。不过，营养成分更多是在杏仁里，据说，这是洪扎人长寿的真正秘密所在。杏仁是苦杏仁苷（维生素 B17）的最好来源，这种物质具有很强的抗癌功效。当地人有一句名言：洪扎如果没有了杏树，就不能称其为洪扎。所以，有人把洪扎称作"杏树为王的土地"。

洪扎人有自己独特的语言、服饰和习俗，据说人类学家至今没有搞清楚洪扎人的祖先究竟来自何方。只有偶然出现的沙色头发和蓝色眼睛暗示着古老的传说：洪扎人源自亚历山大大帝的士兵。据说，2000 多年前，亚历山大大帝率领大军入侵南亚次大陆，被当时次大陆的象军打败，一些希腊士兵逃到深山老林和洪扎地区躲藏起来，慢慢地开始在这片与世隔绝的河谷地里耕种生活，繁衍生息。

在洪扎地区，每年4月，杏花开满山谷，如轻雪撒落，俨然一个充满梦幻、田园牧歌般的世外桃源；6月，浓荫遍地，家家户户房顶上大箩小筐地晒满紫色的桑葚、黄色的杏肉；10月，树上苹果挂满枝头；12月，家家户户围坐在自家铺满地毯的堂屋里，看着窗外纷纷扬扬的白雪，烤火、煮茶、吃干果。洪扎人的生活就是这样简单宁静，悠闲自得。

洪扎人几乎不怎么患病，偶尔感到头疼脑热时，他们就会喝一种像鼠尾草之类的山间药草做成的茶，可以缓解头痛，并且使人容光焕发。在洪扎地区，六七十岁的人根本算不上老人。笔者在洪扎地区亲眼见到七八十岁的老人仍然在田间地头劳动，当地人健康地活过百岁也是平常之事。据当地村官告称，洪扎人的平均寿命在80岁以上，几乎没有人得过癌症、心脏病、高血压等现代人常见的疾病，百岁老人爬山拾柴很平常。据说，当地几百年里没有人得过癌症，因此洪扎人被认为是世界上最健康的民族之一。

魏渭康

（中国外交部原主管巴基斯坦事务处处长、驻外参赞）

洪扎河谷风光。这里有巴基斯坦的"香格里拉"之称。（供图：FOTOE）

我心中的圣地

伊斯兰堡那不一般的乌桕树

夏克巴里安小山座落在巴基斯坦首都伊斯兰堡与姊妹城拉瓦尔品第之间。

山并不高，但林木葱郁，奇花异草，四季竞妍。对于到巴基斯坦访问的中国人，无论是使馆官员、学者名流，还是军工专家、外贸商贾，这座小山都是必访的胜地。这不仅是为了那些花，为了那些风格独特的建筑。令这些浪迹天涯的炎黄子孙梦魂牵绕的，是山上由中国领导人手植的许多友谊树，特别是那里的乌桕树，那些看起来普普通通的乌桕树。

乌桕树是中国常见的一种落叶乔木，叶圆互生，夏季开出一串串小黄花，味道淡淡的。但夏克巴里安山上的乌桕树却非同寻常，因为 1964 年周恩来总理在这座友谊山上手植的第一棵友谊树，就是乌桕树；刘少奇主席 1966 年在这里种下的友谊树，也是乌桕树。

1976 年 9 月，我正在巴基斯坦塔克西拉的中国专家组工作。驻巴使馆经济参赞邢路是参加革命多年的老同志，酷爱文学，尤其是诗歌。我们见面总免不了"侃一侃"文学。说到"侃"，也只能是小侃，侃到为止，相视而笑，莫逆于心。因为当时"四人帮"尚在肆虐华夏，全国是"八个革命样板戏，一个作家高大全"，文艺界百花凋残，万马齐喑。我们在巴的十多名中国专家就更是"可怜"，除了现场技术指导外，大家跟掉了魂儿似的，有事没事总往使馆跑，打听祖国来的最新消息，嘟嘟囔囔提一大串当时说不清道不明的问题。要不，大伙儿晚饭后就

陈若雷1984年在周总理手植的乌桕树前留影。

爱去玛格拉山上散步。

山就在驻地附近，路不远，野花夹道，芳草萋萋。我们在山上默默地遥望着东北方，喜马拉雅山脉诸峰云雾缭绕，家国被隔断在云山之外。那段时间，周总理、朱总司令和毛主席相继辞世，唐山大地震，东北陨石雨，人们的心中铅一般地沉，海外游子心中满是对祖国的眷恋、对时局的忧虑，但大家仍然执着地期待着……

也真有邢参赞的，被大家逼急了，他就叫我们去爬夏克巴里安山，去看乌桕树。终于有一天，我们又一次登上了夏克巴里安山。斯其日也，时维九月，序属三秋，厚重的云块在天空奔竞着、追逐着。从兴都库什山脉刮来的风一阵紧似一阵，林木摇曳，沙沙直响，南亚次大陆强烈的日光穿过云块，刺得人眼睛发胀。我们久久地伫立在周总理手植的乌桕树下，抚摸着它开始飘零的枝叶，遥望被云山阻隔的中华故土，双眼湿润了。

此时，在不远的草坪上，刘少奇主席手植的乌桕树已经不见了。据守园的巴基斯坦老人拉希德说，原先这里是有树有碑的，后来都被挖除了。拉希德老人也许不明就里，但我们都知道，只因为那棵乌桕树是中华人民共和国前主席刘少奇手植的。在巴进行国事访问时，刘少奇于1966年3月28日在这里种下一棵乌桕树。但由于他不久就被迫害，含冤去世，这棵树据说也按中方的要求被拔掉了。十年浩劫非但使当时身为国家主席的刘少奇蒙受劫难，就连他在异国植下的树也不能幸免，如此的疯狂，如此的荒唐，情何以堪啊！

那一天，拉希德老人拉住我们紧紧不放，他两鬓飞雪，手不停地颤抖着，嘴里不停地说：“巴金都什蒂真达巴德（巴中友谊万岁）！”拉希德老人以巴基斯坦人民特有的诚挚，温暖着我们这几个盘桓在异域的中国人。虽然心灵强烈地碰撞，但却是无言。拉希德老人陪着我们在原树址默默地绕行一圈。是怀念，是尊敬，还是惋惜，当年谁也说不清。我在寻找着什么，但终究没有找到。

就这样，我离开了夏克巴里安山，离开了那棵乌桕树。

后来，我又两次前往巴基斯坦，一次是在瓦赫兵工厂（POF）的常驻 P781 项目军工专家组，一次是短访，到巴基斯坦进行市场调查，把第一批军转民的产品摩托车、冰箱等机电产品投放到南亚次大陆。两次访问正好体现了中国国防科技工业发展的两大步伐。两次我都上了夏克巴里安山，去看看乌桕树，像去拜望一位久违的朋友。

到大使馆汇报工作时，碰见大使馆一秘、川大校友老张。他大步跨来，肥厚的大手在我肩上狠狠地一拍，笑声起了一串儿："嗬，世界真是太小了，又碰见你陈老弟了！"老张兴致勃勃地谈起当年粉碎"四人帮"后中国使馆庆祝的盛况，人人眉开眼笑，往日的忧愁荡然无存。庆祝会上，大家开怀畅饮，《绣金匾》、《南泥湾》等革命歌曲混夹着笑声、欢呼声，响彻了使馆的大厅。邢参赞朗诵了他的新诗《夏克巴里安山之树》，声情并茂，热泪纵横，博得满堂喝彩。老张还说，几年来，使馆和专家组的人员换了一茬又一茬，邢参赞也早已奉调新职，但大家总忘不了夏克巴里安山上的树，都要去看看那普普通通的乌桕树。

1985 年初夏，我以外贸考察组成员的身份重访巴基斯坦。工作之余，我们在巴基斯坦外贸总公司董事长伊克巴尔先生等巴方朋友的陪同下，又一次造访了夏克巴里安山。我们驱车来到了夏克巴里安公园，停好车，首先来到眺望平台。驰目西望，玛格拉山横亘南北，林壑幽美，百鸟鸣啭，猴群出没。山脚下，首都伊斯兰堡绿树掩映，街道如棋盘，建筑鳞次栉比。当年由周总理亲自选址的中国大使馆，像一块洁白的玉石镶嵌在万绿丛中。

转过眺望平台，眼前是一片由冬青灌木环绕的草坪，长宽各约 50 米，草坪中整整齐齐地栽种着各国元首和名流手植的各类树木。我们一眼就看见了靠近栅栏的那棵著名的乌桕树。守园人已换成了一个英俊的旁遮普小伙子，他见中国朋友来了，跑过来又是握手，又是问候，破例打开栅栏的门，请我们进去观赏。乌桕树比我上次看到的又长高了许多，枝叶密密匝匝的，在夏日的辉映下苍翠欲滴。树前立着一方红色的花岗岩石碑，碑上镌刻着"中华人民共和国总理周恩来阁下 1964 年 2 月 21 日手植"的英语铭文。伊克巴尔董事长抚摸着翠绿的枝叶，深情地回忆起周总理访问巴基斯坦的盛况。他说："那几天，我们像过节似的，伊斯兰堡全城出动。周恩来总理胸戴茉莉花环，面带微笑，目光炯炯，可精神了！巴中友谊经历了岁月的考验，就像蜂蜜一样的甜、泉水一样的醇啊！"

一阵凉爽的风吹来，乌桕树树叶摇曳，绿影婆娑，像是在呼应着伊克巴尔的话。周总理积劳成疾，撒手尘寰已历九载，如今面对斯树，真是百感交集。哲人其萎，但伟绩长在，英名永存。我们聊以告慰周总理在天之灵的，是他为之奋斗终生的事业已步入坦途，百业振兴，盛世重开。

我们在树林里寻找着，观赏着，啊，那边绿荫浓郁的不正是李先念主席栽种的杉树么？至今我还能清楚地回忆起 1984 年李先念主席对巴基斯坦进行国事访问时的感人场面：伊斯兰堡国际机场上，中国的五星红旗和巴基斯坦的星月旗迎风招展，在喧天的锣鼓声和欢呼声中，李主席乘坐的波音 707 专机徐徐降落。巴基斯坦国家元首和政府要员、各国驻巴使节迎上前去，亲切寒暄。李先念主席和中国驻巴专家代

表一一握手，说："你们辛苦了！"当随访的田纪云副总理走到我面前时，我用四川话向他问候，田副总理一听就乐了，高兴地摇着我的手说："碰见老乡了！我在四川工作多年，也算是四川佬了！"

那天，我征得守园人的同意，摘下了几片乌桕树的绿叶，小心翼翼地夹在笔记本中。我要把这几片绿叶带回周恩来的故土，作为永恒的纪念。周总理生前曾多次访问友好邻邦巴基斯坦，这里处处都留下了他光辉的足迹。他在这里不仅播下了中巴友谊的种子，留下了一片绿荫，而且还留下了被世人千秋敬仰的风范。

这里我还要特别提到的是，刘主席被平反、恢复名誉之后，为了表达对这位已故中国领导人的敬意，缅怀他对巴中友谊所作的贡献，巴基斯坦政府决定在刘少奇诞辰百年纪念日举行"刘少奇主席访问纪念树复植仪式"。1998 年 11 月 16 日，伊斯兰堡秋高气爽，风和日丽，复植刘少奇主席访问纪念树仪式在夏克巴里安山公园举行。复植仪式庄严、简朴，巴基斯坦政府有关部门官员以及中国驻巴使馆外交官等出席。复植地点仍在原址，树种仍然是乌桕树，纪念树碑恢复为原样，石碑上面用英文写着："中华人民共和国主席刘少奇手植，1966 年 3 月 28 日。"复植仪式举行之前，刘少奇之子刘源代表母亲王光美，委托中国驻巴使馆向巴方转达刘少奇亲属的谢意。刘源同志并为此赋诗一首：

友谊山上植乌桕，风雨扶摇三十载。

英灵虽在忠魂去，留得青藤绿荫来。

夏克巴里安山就是历史的见证。

我忘不了美丽的夏克巴里安山。

我忘不了夏克巴里安山上不平凡的乌桕树。

塔 克 西 拉 的 姚 连（Jaulian）佛学院遗址（供图：FOTOE）

向往塔克西拉

1300多年前，唐三藏揖别了白沙瓦天祠的众僧，身负行囊，脚踏芒鞋，穿过乌长国（今巴基斯坦斯瓦特地区），迤逦东行。他的下一个目的地是塔克西拉。

在一个金风飘醉的季节，我们驱车西辞帕米尔吉尔吉特的茫茫雪峰，沿喀喇昆仑公路东驰，所走的路线竟然与唐三藏完全一样，我们的目的地也是塔克西拉。

塔克西拉距伊斯兰堡50多公里，是一座具有2500年历史的古城，是犍陀罗艺术的发祥地，也是希腊文化、中华文化、印度文化和波斯文化的碰撞点和交汇地。在玄奘的《大唐西域记》中，塔克西拉被译作"坦叉始罗"。玄奘描述道："（坦叉始罗）地称沃壤，稼穑殷盛。泉流多，花果茂。气序和畅，崇敬三宝。"足见当时的塔克西拉不但是佛国圣土，也是鱼米

塔克西拉古城姚连寺遗址的佛像（供图：FOTOE）

之乡。

　　我曾在塔克西拉小镇附近生活过两年。工作之余，我常常去镇上散步、购物。镇民剽悍豪侠，风俗淳朴。久而久之，我与许多镇民也成了好朋友，每次见面，除握手拥抱外，还往往被拉到店铺里，坐下来喝上几杯立普顿奶茶，一边侃几句阿育王时代的遗事、拳王阿里险胜金·洛顿或影后芭芭拉邂逅白马王子的传说。

　　塔克西拉小镇街道窄，石渣路，房屋古朴，店铺密集，不时有一辆彩绘的大蓬马车穿镇而过。小镇貌不惊人，与中国的小镇差不了多少，实在找不出有什么出奇之处。

　　然而，就是这个不起眼的小镇，历史上却声名显赫。

　　据记载，公元前331年，马其顿国王亚历山大挥师东征，击溃波斯军队，消灭波斯王国，继而攻占阿富汗地区，翻越兴都库什山脉，陷开伯尔关，金戈铁马，所向披靡，血流漂杵，大有问鼎印度腹地摩揭陀国之势。但由于长途跋涉，疲于征战，气候不适，亚历山大的军队在公元前326年攻至塔克西拉后被阻，就再也没有前进过了。战争呈僵持状态，亚历山大急攻不克，滞留在玛格拉山脉西麓，最后只得率军绕道撤回巴比伦。历史有时也带点偶然性，假如当时亚历山大没有在塔克西拉受到顽强的抵抗，而是一路挥戈东进，陷拉瓦尔品第，破拉合尔，前面就只是一片广袤的印度河冲积平原，没有什么天险能挡得住他的铁流千里了。果真如此，也许南亚次大陆乃至整个亚洲的历史将会是另一番模样了。

这就是极为普通的小镇塔克西拉。

公元 630 年（一说是 650）的一天，一个中国和尚慢慢地走进了塔克西拉小镇，满身尘土，疲惫不堪，他就是唐三藏法师玄奘。他孤身一人，既没有悟空开路、沙僧挑担，更没有猪八戒的插科打诨。唐僧为了去天竺取大乘佛经，西行万里，风餐露宿，几次死里逃生，才走到了塔克西拉。玄奘自己在《大唐西域记》里说，他在这里的塔克西拉佛学院和姚连寺留学习经，并休整了一些时间。

那天，我拾级而上，登上塔克西拉小山。丽日下，东边的玛格拉山脉若烟若黛，郁郁凝翠，四周阡陌纵横，沃野千里，好一片富庶的旁遮普平原啊。进得佛学院遗址，只见夯土石墙，殿舍错落，正中是一个大土场，四周有房数十间，中有一眼井。墙上雕有数千尊佛像，主座是释迦牟尼的报身佛卢舍那像，世尊头荫菩提，座拥莲花，双目似闭非闭，神态超逸，瘦削的肋骨竟然可数，似乎是灭度前的景象。

天竺佛像雕刻与中国石刻风格迥异。中国佛像体态丰腴，线条流畅，多带女相，而这尊佛像，却骨骼清奇，鼻耸目陷。可见世尊和众座菩萨甫到东土，就开始与老庄和儒家哲学融汇再炼。越往东去，菩萨的眼窝就越浅，鼻梁就越收敛，脸庞圆润了，身段也婀娜了。我在尊尊佛像前冥想，在这座南亚佛国的殿堂里徜徉，尽管只有废墟，只有断垣，但我似乎仍然看到

陈若雷与巴基斯坦小孩
在拉合尔大清真寺前。

了当年袅袅升腾的香火，亲临了鼓击钹合的佛家法会。我在塔克西拉曾多方查证外文资料，请教当地饱学之士，想弄清玄奘大师究竟在这里住了多久，竟然不得要领。但唐三藏的仙履曾叩响过塔克西拉镇上的青石板，则是不容置疑的。

现在，塔克西拉已经成为巴基斯坦的重工业基地，那里屹立着中巴友好合作的光辉成果：重型机械厂（HMC）、重型铸锻件厂（HFF）、重型大修厂（HRF）、PROJECT-751/781等项目。昔日的荒原，现在厂房林立、机声隆隆，已成为巴基斯坦配套成龙的工业新区。我有幸成了上述部分项目从谈判、签约、土建到投产的历史参与者和见证人。

塔克西拉的路印满了我的足迹，我一生最美好的记忆也留在了塔克西拉。

陈若雷

（中国前驻巴基斯坦 P711 & P781 项目专家组首席翻译）

我的乌尔都语情缘

与乌尔都语结缘

我是从 1959 年开始学习乌尔都语的。之前，我是北京外国语学院（现北京外国语大学）英语系二年级学生。一个下午，系里突然召集部分二三年级学生开会，我也在其中。系领导说，根据周总理指示，我们这些在读英语的学生改学非通用语，一部分到国外留学，另一部分去北京大学东语系学习。系领导强调，这是组织上对我们的信任。我们明白：我们要服从组织分配，国家的需要就是我们的志愿。

到北京大学东语系报到后，我被安排学乌尔都语专业。老师说，乌尔都语是巴基斯坦国语，也通行于印度。当时，不但乌尔都语没有听说过，巴基斯坦这个国家对我也很生疏，与巴基斯坦毗邻的印度我倒还知道点儿皮毛。因为常识是，印度是中国民间家喻户晓的"唐僧西天取经"的地方，又是"印地秦尼帕伊帕伊"（印度和中国是兄弟）的友好国家。后来我才知道，唐僧西天取经走过的很多地方正是今天的巴基斯坦，而"印地秦尼帕伊帕伊"也是乌尔都语和印地语共同的发音！

由于乌尔都语与印地语发音相同，只是书写方式不同，乌尔都语可以说是巴印两国的"普通话"。在后来的工作中，我有机会到阿富汗、孟加拉国和尼泊尔三国，发现在这三个国家里乌尔都语也顶用。如今，乌尔都语在英国是仅次于英语和法语的第三大交际语言，在海湾国家也完全用得上。

在学习乌尔都语的过程中，通过政治学习和浏览报刊，我感到印度在逐渐变友为敌，而巴基斯坦越来越同中国志同道合，患难与共，引起我的注意和敬重。令我一辈子不能忘怀的是，《人民日报》曾整版刊载巴基斯坦外交部长佐·阿·布托在联大的发言。他在发言中斥责苏联代表马力克是沙皇，是搞霸权。当时，我端着饭碗站在阅报栏前边吃边看，心中对布托充满敬佩。布托外长所代表的巴基斯坦友邦形象在我的脑海中鲜明地树立起来，并且随着岁月的推移不断增辉。巴基斯坦那时在《人民日报》的"友邦排行榜"上居社会主义国家之后，但在对华真诚友好与合作上更胜于某些社会主义国家。布托的联大发言大大提高了我学习乌尔都语的热情。

1963年，我和另外三位同学被分配到外交部，但是部里派我们到北京广播学院进修乌尔都语一年，教我们的是巴基斯坦专家卡菲尔夫妇。老师们把我们的乌尔都语巴基斯坦化了，词汇多用阿拉伯词和波斯词。这样，就使我们今后的工作对象愈加明确，那就是我们的友好邻邦巴基斯坦。这注定了我的外交生涯离不开巴基斯坦。我热爱乌尔都语，更热爱巴基斯坦。

为总统随行人员当翻译

1965年3月，巴基斯坦总统阿尤布·汗元帅应刘少奇主席和周恩来总理的邀请对中国进行国事访问。这是巴基斯坦总统第一次对中国进行国事访问。次年3月，中国国家主席刘少奇对巴基斯坦进行友好访问，实现了两国元首的首轮互访。

我当时在外交部干部司翻译队工作，队领导派我担任代表团的乌尔都语翻译。代表团的主要翻译是英文译员冀朝铸同志，他后来担任过联合国副秘书长。除了他，还有其他英文译员。我们这些一般翻译都为总统随行和侍从人员服务，任务随时安排，立马上岗。阿尤布·汗总统的主要随行人员有：奥兰泽布夫人（总统女儿）、佐·阿·布托（外交部长）、布托夫人、奥兰泽布王子（国民议会议员）、阿迦·夏希（外交部辅助秘书）、阿勒塔夫·古哈尔（新闻广播部秘书）、巴蒂博士（外交部处长）等。

这是我第一次有机会零距离接触中巴两国领导人，感知巴基斯坦，感悟中巴友好的重要性。我的具体工作是给代表团随行官员当口译，帮助总统副官采购。由于我是代表团里唯一的乌尔都语翻译，同我搭话的还有代表团的主要贵宾，如总统女婿、国民议会议员奥兰泽布王子和新闻广播部秘书阿勒塔夫·古哈尔。也许是巴基斯坦朋友们在外国听到乡音倍感亲切的缘故吧，我得到他们的青睐，在哪里当翻译，哪里的气氛就热闹起来。我当时没有十分在意，可后来阿尤布·汗总统访华的纪录片上映后，我在沈阳的家人写信告诉我：他们在片子里看到了我，感到很自豪。我觉得，我能出现在片子里，反映了乌尔都语的魅力和巴基斯坦朋友对他们国语的热爱。我庆幸自己学了乌尔都语！同样地，在接待中，我有幸看到了刘少奇主席、周恩来总理、陈毅元帅等中国领导人。我心里完全明白，若不是学了乌尔都语，若不是参加接待友好邻邦巴基斯坦的代表团，我能有此幸运吗？

在这次接待中，阿尤布·汗总统一行的言谈举止给我留下了深刻印象，他们的英语口语非常地道（大都是一口伦敦音），穿着整齐，军人戎装笔挺，文官西装革履，女士夫人们则一色漂亮的纱丽。我当时想，他们代表的巴基斯坦一定是个温和与现代的国度。他们热爱巴基斯坦国语，但也敬佩英语讲得棒的人。英语地道、声音洪亮的冀朝铸，是我们翻译的偶像。我不止一次看到，他一出现，一些巴基斯坦朋友尤其是军官竟下意识地挺身立正。

由于这次与奥兰泽布王子和阿勒塔夫·古哈尔先生的结缘，

以后几次常驻巴使领馆期间，我与他们一见如故，他们对我的外交工作帮助很大。第一次在巴基斯坦见到奥兰泽布王子的时候，他已经是参议员，依旧说话诙谐幽默，谈笑风生，有时候摸不准他的话是褒还是贬。但他对华友好，不改初衷。他特别提示我，想找议员或部长，千万别约会在周末或节假日，因为他们在这样的时间得返回选区接见选民，为他们办事。阿勒塔夫·古哈尔陪同阿尤布·汗总统访华的时候，也是他文官生涯的鼎盛时期。后来他仕途多舛，回归新闻本行，最终成为自由撰稿人。我们的友谊一直继续到 90 年代我出任使馆政务参赞时期。任满回国之前，已经先期回国的邓俊秉参赞想翻译古哈尔的专著《阿尤布·汗——巴基斯坦首位军人统治者》，要我联系作者争得首肯。我为此专门拜访了古哈尔，他欣然同意。

周总理亲自介绍译员

1970 年 11 月，应中国政府的邀请，巴基斯坦总统叶海亚·汗将军来华进行国事访问。这次参加接待代表团的有两名乌尔都语翻译，我的老师山蕴和我。在董必武副主席和周恩来总理为叶海亚·汗总统举行的国宴上，我被周总理亲自介绍给总统阁下，让我终生难忘。

代表团的翻译进入宴会厅后的习惯动作就是第一时间找到自己服务的地方，浏览该桌的中方领导和外国客人的座位卡，并且尽量记住，以便宴会交谈中胸有成竹地介绍。那晚，我也是习惯成自然，径直走到我要工作的宴会桌旁。

不料，一位礼宾官匆忙把我拉走。这时，宴会厅响起迎宾曲，董副主席和周总理陪着叶海亚·汗总统已经进入大厅。礼宾官把我带到周总理面前，我木愣愣的，不知作何反应。周总理指着我用英语说："He speaks Urdu."这下，翻译的本能让我立即用乌尔都语向总统阁下问好。记得当时总统还问我在哪里学的乌尔都语。

据礼宾官后来告诉我，周总理之前已经把我的老师介绍给了叶海亚·汗总统，并追问礼宾人员另一个乌尔都翻译在哪里。周总理把我们介绍给巴基斯坦总统，是要向客人表明中国对巴基斯坦的尊重——我们有你们民族语言的翻译人才，在场的就有两位，而且有女亦有男。周总理会外语，但极少讲，他用英语把译员介绍给外宾，那是对外宾极其尊重的表示。从这个外事插曲可以想象巴基斯坦在中国领导人心目中的地位，掂量出中巴友好的分量。

用乌尔都语做外交工作

1972 年，我首次被派往驻巴基斯坦大使馆常驻，一驻就是 6 年。那时我在使馆的工作是搞调研，主要靠看报纸、听广播和看电视，及时写出调研报告；同时，完成领导交给的口译任务，或为领导做翻译，或陪同工勤人员采购。我的乌尔都语特别有用，在使用中我自己也受益匪浅。先说听广播，一天要听上六七次，每天一睁眼先打开收音机，听新闻、记录新闻，因为大使吃早饭前在他的办公室等我报告新闻呢。此外，每次大使外出活动之前，我还要当面报告要闻。每逢听到重要消息，我有权立即向大使口头或书面报告。6 年中按时听广播和看电视，捕捉新闻，使我的乌尔都语和英语的听力和语感都提高了。

那时我熟悉的巴基斯坦播音员中就有后来任巴驻联合国代表、驻华大使的马苏德·汗先生。马苏德当时是英语老师，兼做播音员。他后来考进巴外交部，被派往中国学习汉语。

1985 年，在巴基斯坦总理居内久访华的接待中，我突然见到了这位曾经的电视大腕，才知道他已经成为我的外交同行。一位女播音员当时叫夏亦斯塔·汗，我几次常驻都收看她的新闻节目。后来有一天电视屏幕上打出的字幕变成了"夏亦斯塔·宰德"，我就知道她已经名花有主了，因为巴基斯坦女子婚后一般随丈夫的姓。不过，也有例外。前总理贝娜齐尔·布托嫁给前总统阿西夫·阿里·扎尔达里后就保留了她的原名，而不称"贝娜齐尔·扎尔达里"。

每天听乌尔都语，说乌尔都语，让我越来越感到乌尔都语发音清楚、响亮，词汇多为单音节，好学又好记。我们中国人一张嘴讲起乌尔都语，巴朋友十分爱听，气氛会立即热烈起来，什么事都好办。使馆的工勤人员都跟我学乌尔都语。我们主管工勤的张玉松三秘乌尔都语学得不错，凭他的乌尔都语和对巴朋友发自内心的善意与尊敬，以及他公文包里的"巴姆"（清凉油），到哪里办事都一路畅通。我们的厨师外出采购起初全靠比画，虽然东西也能买到，但出尽了洋相。学点乌尔都语，办事效果立马显现。乌尔都语有两个常用词"阿恰"（好、好的、行）和"提克嗨"（是的、可以、对的）。工勤人员用这两个词，以不同的语调，配合各种手势与表情，什么都能买到，甚至可以砍价。比如明明要 5 个卢比，给 4 个卢比，说声"提克嗨"就拿走了，让店主哭笑不得。

乌尔都语是巴基斯坦的国语，能激发民族情感，促进国家团结。每逢中国代表团访巴，只要我方讲话，乌尔都语翻译一开口，全场马上群情沸腾，好像他们已经懂得了要翻译的讲话内容。这种场合是我们当翻译的最幸福的时刻。巴政治家也看重乌尔都语唤起民众的作用，他们竞选、接触群众和发表电视广播讲话都用乌尔都语。布托父女的英语很棒，但他们从政之后，乌尔都语水平也提高极快，父亲先后出任总统和总理，女儿则两度出任总理。1977—1988 年执政的齐亚·哈克总统对发展乌尔都语功不可没。他当总统 11 年做到了国宴致辞用乌尔都语，这无形中提高了乌尔都语的地位，为国语取代英语的官方语言的地位创造了条件。由于他重视乌尔都语，中国为巴基斯坦贵宾举行国宴时，领导人讲话也当场翻译为乌尔都语。但后来的巴基斯坦领导人不知道为什么没有坚持下去，乌尔都语的官方语言地位又遥远了。

后来，我又 4 次常驻伊斯兰堡和卡拉奇的使领馆，历时总共 16 年。随着职务的晋升，除了调研还要办案，接触的巴基斯坦朋友不仅有记者、作家、艺术工作者，还有政府官员，我都尽量同他们讲乌尔都语，收到事半功倍的效果。就是到巴外交部，我也是这样打交道的，不同的是自己说过来意和交谈之后，递上英文说帖备案。

我当了一回穆斯林

1984 年 7 月 29 日，应中国人民政治协商会议全国委员会的邀请，由主席萨夫达尔率领的巴基斯坦联邦咨询委员会代表团抵达北京，开始对中国为期 9 天的访问。巴基斯坦联邦咨询委员会是哈克总统执政后组成的非民选的伊斯兰议会组织，成员来自社会精英、贤达和名流。18 名代表团成员中，有后来出任外交部长的阿西夫·阿里和国民议会议员潘达拉等。全国政协副主席杨成武全程陪同代表团访问。在上海小桃园清真寺，代表团进大殿做礼拜，我们工作人员意外地发现潘达拉副团长没有进去，一个人孤零零地坐在会客室。他说他是袄教徒。我这才认识到在巴基斯坦什么叫少数教派：除了伊斯兰教，基督教、印度教、佛教、袄教等宗教统称为少数教派。巴基斯坦人都能讲乌尔都语或英语，但是教门却不一个样。

次年11月7日至15日，全国政协代表团在杨成武副主席率领下访问了巴基斯坦。这是中国全国政协第一次派团出访巴基斯坦。在卡拉奇，巴方也安排代表团中的穆斯林委员到图巴清真寺做礼拜。我作为团里唯一的乌尔都语翻译陪同前往。当他们陆续进入大殿时，我想到自己不是穆斯林，一时止步不前，不进去的念头占了主导。这时，各位委员已经入内，我发现自己陷入了潘达拉的窘境。在周围都是穆斯林的情况下，暴露我是异类，当然是很尴尬的。但谁给代表团做翻译是重要的，而且迫在眉睫。于是，我立即追上去，同代表团坐在一块，并戴上了竹编的穆斯林帽。巴方并没有异样的反应。整个礼拜过程，我效仿穆斯林委员做各种动作，俨然一个新皈依的穆斯林。我体胖不宜久坐，但仍耐着性子坚持下去，心里由衷地佩服穆斯林的拜功。这样一来，我一点儿也没有耽误给代表团做翻译，把中国穆斯林对巴基斯坦穆斯林的真情厚意传达出来，效果极佳。

发挥余热，参与《乌尔都语汉语词典》编撰工作

2014年5月20日，由高等教育出版社、巴基斯坦驻华大使馆联合举办的中国首部《乌尔都语汉语词典》新书发布会在复旦大学举行，前来上海参加亚信峰会的巴基斯坦总统马姆努恩·侯赛因出席并致辞。

主编孔菊兰和其他编委唐孟生、孙莲梅、张玉兰、赵俏和本人应邀出席了发布会，孔教授代表编委会发了言，介绍此书在几辈中国乌尔都语学人打下的基础上历经8年的研究与创

新，终于编撰、出版的过程。

在听孔老师的发言中，我回忆起上世纪 60 年代自己在北京大学东语系学习乌尔都语时见过的从俄语翻译的《乌尔都语汉语词典》（讲义本）。由于译者不懂乌尔都语，译文不可信，所以这本书无人问津，我们这些嗷嗷待哺的初学者只好去啃乌乌词典或乌英词典。80 年代，北京大学接受国家任务，组织国内精通乌尔都语的专家启动《乌尔都语汉语词典》的编撰工作，积累了大量的词汇卡片。

2004 年，在北京大学外国语学院领导的支持下，本词典列入教育部哲学社会科学重大攻关项目。2006 年 6 月，由北京大学外国语学院孔老师和唐老师牵头，我们编委会开始了这轮 8 年编词典的浩瀚工程。我们在做过的卡片的基础上，参考巴基斯坦最新出版的《现代乌尔都语费鲁兹词典》等乌乌词典和乌英词典以及国内出版的《波斯语汉语词典》、《印地语汉语大词典》、《宗教词典》等专业词典，并得到外教娜兹博士（Dr Asmat Naz）的大力帮助，终于编辑出版了这本具有中

《乌尔都语汉语词典》编委与巴基斯坦前驻华大使阿什拉夫·杰汗吉尔·卡齐（中）合影。右 3 为词典主编孔菊兰教授，左 3 为安启光。

2014 年 5 月 20 日，在上海举行的《乌尔都语汉语词典》发布会后，巴基斯坦总统马姆努恩·侯赛因为安启光签名留念。

国特色的词典，完成了中国乌尔都语学界几代人的夙愿。

侯赛因总统在致辞中高度评价词典的编撰、出版是中巴友好交往的一项重要成就。他说，《乌尔都语汉语词典》为中、乌两种语言架起了学术沟通的桥梁，必将为进一步加强两国人民之间的友好联系作出贡献。会后，他还为我们编辑人员签字留念。

总统在为我签字时，说他认识我，我毕恭毕敬地回答说：是的，总统阁下，我当时是中国驻卡拉奇总领事。侯赛因总统当过信德省省督，曾出席卡拉奇总领馆的国庆招待会。我记得很清楚，这位当时的省督的名字"马姆努恩"在乌尔都语中的意思是"感激"。他出任总统后，已经两次访华，我们也两次见面。我把总统阁下签字留念看作对一位中国退休外交官参与本词典的编写工作从而为中巴友好继续发挥余热的最高奖赏。

安启光

（中国前驻巴基斯坦大使馆政务参赞、前驻卡拉奇总领事）

诗歌，友谊的纽带

我于1966年3月始学乌尔都语，毕业后被分配到人民画报社，从事乌尔都语《人民画报》的翻译出版工作。在对乌尔都语半个多世纪的学习与运用中，我深感其诗歌美妙深刻，是言志传情的极好手段，又是古今乌尔都语文学的主要形式。于是，渐渐地，我不仅喜欢上了阅读乌尔都文诗歌，而且还开始用乌尔都语创作，到后来竟然越写越上瘾，一发而不可收。后来，巴基斯坦文学研究社编辑出版了我的乌尔都文诗集《痴情集》，我在巴的诗名更大了。这样，乌尔都文诗歌便成了我与巴基斯坦朋友交往的主要工具，并最终升华为我与巴基斯坦人民友谊的纽带。虽然光阴荏苒，匆匆逝去，然而与巴基斯坦友人交往的场景却时时浮现在脑海里，挥之不去。一滴水可以见太阳，本文谨据自己的经历讲述几件反映中巴友谊的琐事，以飨读者。

老朋友捷足先登

1991年5月初，受巴基斯坦政府邀请，我赴巴基斯坦与当地人民共庆中巴建交40周年。抵达伊斯兰堡的当天下午，我在巴基斯坦广播新闻部官员艾赫塔尔先生的陪同下，驱车前往克什米尔访问，第二天即返回伊斯兰堡。但是司机却没有把我拉到下榻的酒店，而是拉到了老朋友、前中国画报乌尔都文改稿专家、伊克巴尔函授大学公关部主任哈米德·阿里·哈希米先生家中。

原来，听到我来到巴基斯坦的消息后，哈希米先生就捷足先登，与巴政府取得了联系，商定待我从克什米尔返回伊

斯兰堡后，由他在家中为我接风，并由两位我与他共同的朋友——文学评论家法德赫·马利克教授和诗人阿福达布·夏米姆教授作陪。哈希米先生在来华工作前曾长期担任新华社住伊斯兰堡记者站的译员，对巴中友谊的发展卓有建树。阿福达布先生是中国人民的老朋友，曾四次来中国工作，在北大教过乌尔都语，几乎中国所有懂乌尔都语的人都是他的学生。我虽无缘在北大聆听他讲课，但他却是我诗歌创作的领路人，因此他是我真正意义上的导师。他还在中国国际广播电台和人民画报社担任过改稿专家，对中巴友谊的发展作出过不可磨灭的贡献。我在巴基斯坦进修期间，曾多次请教过法德赫·马利克教授。当天，四位老朋友欢聚一堂，共叙友情，其乐融融，直至深夜方才散席。

1991 年 5 月张世选（前排右 3）赴巴基斯坦参加当地庆祝中巴建交 40 周年活动时与拉合尔朋友们的合影。前排右 1 为已故诗人哈桑·拉兹维先生，右 4 为已故文坛泰斗艾哈默德·纳迪姆·卡斯米先生，左 4 为已故诗人敏苏拉·艾哈默德女士，左 2 为诗人、幽默散文作家阿达乌尔哈克·卡斯米先生，左 1 为诗人、剧作家阿姆佳德·萨拉姆·阿姆佳德先生。

1991 年 5 月张世选（左 4）赴巴基斯坦参加当地庆祝中巴建交 40 周年活动时与伊斯兰堡朋友们合影。右 1 为已故的哈米德·阿里·哈希米先生，右 4 为阿福达布·伊克巴尔·夏米姆教授。

招待会上受宠若惊

　　第三天下午，巴文学研究院在伊斯兰堡一家大饭店为我举办了盛大的招待会。规格与热情之高，令我受宠若惊。招待会以巴教育与文化部长法赫尔·伊玛目先生为主席，巴外交部秘书长阿克拉姆·扎基先生和中国驻巴使馆临时代办陆树林先生（后升任大使）为特邀嘉宾，由巴文研院主席吴拉姆·柔巴尼·阿格鲁先生主持。与会者有伊斯兰堡和拉瓦尔品第的 200 余位诗人、作家。

　　招待会上，宾主盛赞中巴友谊。应主人的要求，我朗读了前一天访问克什米尔时的新诗作《克什米尔之行》，博得了满堂喝彩。扎基先生称赞我是"人民大使"。阿格鲁先生代表巴文研院把一支派克金笔赠予我，希望我用它创作出更多的赞美巴中友谊的诗篇；他又按照家乡信德省的习俗，把一块带有美丽图案的信德线毯披在我身上，以示祝福。

　　时任巴文研院文学刊物《文学》主编的已故老诗人扎米

尔·加弗里先生在发言中赞颂中巴友谊之余，用这样的诗句称赞我："每一联诗都是一团烈火，这样的选择是最好的选择。"（笔者名字是世选）之后，这位老诗人又把这一联饱蘸友情的诗亲手写在我的笔记本上，成了永恒的纪念。

招待会的发言结束后，来宾们开始享用茶点。这时，阿格鲁先生对我说："结束了对各地的访问回到伊斯兰堡后，给我留出一点时间来，我们共同探讨一些与文学创作有关的问题。"

"用肩膀扛到宾馆"

在我由伊斯兰堡飞往拉合尔之前，巴前驻华大使、时任巴外交部秘书长、诗人阿克拉姆·扎基先生从其办公室给拉合尔的诗人、幽默散文作家阿达乌尔哈克·卡斯米打电话，通知他我将赴拉合尔访问。坐在一旁，我清晰地听到对方说："我们将把他从机场用肩膀扛到宾馆。"

在拉合尔，本来我想住饭店，可是阿达乌尔哈克·卡斯米为了不使我感到孤独，劝我放弃饭店而住进他家。当地文学组织"同吟会"在记者俱乐部为我举办了招待会。诗人、作家和新闻工作者济济一堂，盛赞中巴友谊。应主人要求，笔者朗诵了几首诗，其中包括厄扎尔（乌尔都诗休之一，也是印巴人民最喜爱的诗体）、自由诗和新作格律诗《克什米尔之行》，博得热烈的喝彩。大作家阿什法克·艾哈默德先生用这样的语言表达了对我的厚爱："如果我是个女大学生，我就会拿一个崭新的笔记本，对你说'请你签名'，然后那上边不再要别人的签名，并珍藏起来。"

会后，阿达乌尔哈克·卡斯米，诗人、剧作家阿姆加德·萨拉姆·阿姆加德和《战斗报》拉合尔版主编、诗人哈桑·拉兹维三人在一家中餐馆宴请我。在朦胧而柔和的灯光下，有几位乐人演奏着令人陶醉的当地古典音乐，中国风味的饭菜与巴基斯坦风味的乐曲珠联璧合，浑然一体，且相得益彰，表达着中巴文化互相包容之美。

紧张的卡城之旅

卡拉奇是巴基斯坦建国之初的首都、最大的城市和港口，工、商、文、教均很发达。因濒临阿拉伯海而气候温暖湿润，二三级的海风时时吹拂着这里的一草一木，加上地处亚热带，阳光充足，使得这里四季树绿花红。这里学校众多，卡拉奇大学遐迩闻名；这里名人荟萃，雅士咸集，是巴基斯坦国父穆罕默德·阿里·真纳工作与长眠之地。由于白天较热，许多活动都在夜间进行，深更半夜，除了轮船和火车的汽笛声外，还常常能听到诗会的沾着露水的诵诗声。卡拉奇的土著居民是信德人，1947年印巴分治时从印度迁移过来的穆斯林也聚集于此，其余居民是从巴基斯坦各地迁来的。卡拉奇人热情好客，喜欢交友。

由拉合尔飞抵卡拉奇的当晚，巴基斯坦乌尔都语发展协会在著名老诗人阿达·加弗里女士主持下，在其幽静的庭院内为笔者举办了接风诗座与茶点。次日上午，我在主人的陪同下拜谒了巴基斯坦国父真纳的陵墓。陵墓由警卫24小时守卫。陵殿由白色大理石砌成，宏伟而圣洁。殿内顶棚上悬挂着周恩来总理赠送的水晶石吊灯，晶莹剔透，放射着中巴友谊纯洁的清晖。下午，诗人纳卡什·卡兹米把我带到克里夫顿海滨。在那里，我平生第一次骑着骆驼在沙滩上漫步，沐浴阿拉伯海的柔风，享受气象万千的海景。晚上，我出席了巴基斯坦文研院卡拉奇分院举办的以中巴友谊为主题的研讨会。是夜，我置身著名的阿瓦里大酒店卧榻，思绪蹁跹，久久不能成寐。

爱的谎话也美丽

结束了官方安排的各项活动之后，我于5月10日回到伊斯兰堡。在伊斯兰堡饭店下榻后，我立即打电话问候阿福达布教授，并报了平安。阿福达布先生要我立即退房并搬到他家去住，以便相互陪伴，促膝谈心。当天下午，巴基斯坦论坛主席扎法尔·布赫塔瓦利先生在其府邸为我接风，并邀请中国驻巴大使馆临时代办陆树林先生作为嘉宾出席。陆代办通晓英语与乌尔都语，不仅用乌尔都语写诗，而且还在中国驻巴使馆组织诗会，邀请当地诗人参加，有效地加强了中国使馆与巴基斯坦知识界的联系，促进了两国友谊的发展。宾主共同盛赞中巴友谊，陆代办与我均朗诵了歌颂中巴友谊的诗篇，会场气氛异常热烈，始终洋溢着兄弟情谊。

当晚，巴基斯坦文研院主席阿格鲁先生在一家中餐馆为我洗尘，并由一位部长和扎米尔·佳弗里与阿福达布两位诗人作陪。席间，阿格鲁先生吐露真言："所谓讨论文学问题只是个幌子，目的是想让你留出一点时间，我们坐在一起，就着粗茶淡饭，共叙友情。"阿格鲁先生的肺腑之言让我诧异之余颇受感动。我觉得，巴基斯坦朋友的谎话都是美丽的，充满友谊和真爱。

小伙子助人为乐

那年5月中旬，旁遮普省的几个大城市木尔坦、费萨拉巴德、米安加努以及旁遮普大学将要举行大型诗会。承蒙阿达乌尔哈克·卡斯米等拉合尔诗人的盛情邀请，我重返拉合尔，与他们和拉合尔的其他诗人一起参加了这些诗会。伊斯兰堡距拉合尔大约 500 公里。前次赴拉合尔，是官方安排的参观访问活动，坐飞机转瞬即到。由于座位不靠窗，路上什么也没看见，心中多少留下了一点遗憾。为弥补前次赴拉合尔途中的损失，这次我决定乘直达巴士。老朋友哈希米先生一大早就来到了阿福达布先生家，然后两位老朋友叫来出租车把我送到直达巴士始发站，待我的车上了路，才依依不舍地返回。

旁遮普的意思是"五河之地"，这里土地肥沃，历来是印度次大陆的粮仓。印度和巴基斯坦独立后，原旁遮普省一分为二，东部归属印度，居民以锡克教徒为主；西部归属巴基斯坦，居民以穆斯林为主。坐在直达巴士上，美丽富饶的旁遮普大地如电影般一幕幕向车后退去，步移景异，风光美不胜收。

正当我陶醉于视觉饕餮之时，邻座的一位青年突然问我："你是中国人，还是日本人？"我告诉他是中国人以后，我们进行了十分友好的交谈。到拉合尔后，他先带我回他家，见了他父亲，请我喝了茶，然后用摩托车把我送到诗人阿达乌尔哈克·卡斯米先生家。分手前，我问那位青年的尊姓大名，他说叫阿卜杜勒·沙库尔。

一个普通青年，能如此真诚热情地帮助一个素不相识的中国人，折射出普通巴基斯坦人民对中国人民的情谊。

拉合尔早餐吃请

拉合尔是巴基斯坦的历史文化名城，被誉为巴基斯坦的心脏和文化首都。拉维河从市区穿过，滋润着这里的土地与植物。这里的树木四季翠绿，花卉终年开放，处处花香扑鼻，沁人心脾。这里有莫卧儿王朝的皇城古堡、镜子宫、夏丽玛皇家花园、皇家清真寺，有著名的旁遮普大学及其他高等学府；这里的每一条街巷都有一个历史故事；这里人杰地灵，名士荟萃，是巴基斯坦独立运动的思想领袖、被誉为"东方诗人"的伟大哲学家伊克巴尔，印巴进步文学运动的发起人之一、现代最杰出的诗人费兹和进步诗人、作家、文坛泰斗艾哈迈德·纳迪姆·卡斯米工作、居住和长眠之地。因此当地人说：没来过拉合尔就等于没来过巴基斯坦。笔者曾经以这样的诗句赞美拉合尔：

你是一部立体的史书

一街一巷都诉说着一段故事

你是一片茂密的果林

一枝一杈都挂满沉甸甸的知识的硕果

你是一座美丽的花园

一草一木都令人迷恋、陶醉

你是一幅活动的风情画

一举一止都是一个传统的注释

你是一股友爱的清泉

一涟一漪都是一首绵绵情诗

你是东方文明的"词典"

你是巴基斯坦的"标题"

我住在阿达乌尔哈克·卡斯米先生家中，加入拉合尔的诗人队伍，参加了旁遮普省的四场大型诗会。这里的人对中国人民特别亲切。作为中国人的代表，在没有大型诗会时，我得天天吃请、顿顿吃请，有时连早晨也得吃请。每次宴会前，都要参加一个由主人安排的小型诗会。

"爸爸生你的气了"

1993 年 9 月，笔者应邀参加了卡拉奇精英学院举办的世界乌尔都语大会和以已故大诗人哈斯拉特·穆哈尼的名义举办的第五届国际诗会，以及另外两家卡拉奇民间文学组织举办的两场诗会。

之后，我飞抵伊斯兰堡。在那里，中国人民的老朋友阿福达布·夏米姆先生和知名人士扎法尔·布赫塔瓦利先生分别在其府邸举办欢迎诗会与茶点。正在伊斯兰堡出差的诗人、文坛泰斗纳迪姆·卡斯米的义女敏苏拉女士也应邀出席了阿福达布先生举办的诗会。敏苏拉见面就抱怨："爸爸知道您来到了巴基斯坦，去了卡拉奇，又来了伊斯兰堡，就是不去拉合尔。爸爸生您的气了。"我连忙道歉，并保证下次一定去拉合尔看望纳迪姆先生。纳迪姆·卡斯米先生的关怀使我非常感动。

扎法尔先生举办的小型诗会上，特地邀请了时任语言研究所主席的著名诗人伊夫蒂哈尔·阿里夫先生和中国驻巴使馆政务参赞陆树林先生参加。宾主共颂中巴友谊，场面虽然不大，气氛却异常热烈，友情也特别真挚。

"张世选是我们的诗人"

1998 年，巴基斯坦文学研究院出版了我的乌尔都文诗集《痴情集》，并邀请我参加中国作家代表团访巴，以便出席《痴情集》的首发式。

11 月初，中国访巴作家代表团在拉瓦尔品第的珍珠洲际酒店下榻。我们发现酒店右侧的围墙上赫然悬挂着一条巨大的横幅，上面用中文写着"张世选是我们的诗人"九个大字。看到巴基斯坦朋友把我当成自己人，我感到十分欣慰。

访巴期间，中国代表团所到之处，都受到当地作家、诗人的热烈欢迎与盛情款待，住最好的酒店，吃最好的饭菜。宾主多次举行座谈会，共颂中巴友谊。最令我吃惊的是，当中国代表团应邀参观巴基斯坦文研院的办公楼时，我发现墙壁上竟然张贴着许多我的乌尔都语诗篇的放大影印件。

《乌尔都语报》鸿雁传书

记不清从何年何月开始，巴基斯坦语言研究所的朋友们开始给我赠寄他们出版的月刊《乌尔都语报》，每月一本。每一本都载着浓浓的情谊，犹如鸿雁带着慰心的情书从远方飞来。几十年如一日，直至两年前，从不间断，使我受益匪浅，得以及时了解乌尔都语本身、乌尔都语文学和巴基斯坦语言文学艺术界的活动与变化，特别是一些朋友的近况。

虽说大恩不言谢，实际上我也从来没有去信感谢过他们，但一直对他们心怀深深的感激之情。近两年来，偶尔收到由巴基斯坦驻华使馆转来的一两本，也许是投石问路，看看按巴基斯坦人的估计，应该脚踏阴阳两界界线的我还在不在世。对此，我已十分知足，因为他们没有完全忘记我。

异域遇良师益友

1988年烟花三月，我应阿布扎比巴基斯坦文学社之邀，赴阿布扎比和迪拜参加该社为庆祝乌尔都文坛泰斗艾哈迈德·纳迪姆·卡斯米先生72岁华诞而举办的"艾哈迈德·纳迪姆·卡斯米国际研讨会与诗会"。因为当时北京没有直达阿

1988年7月张世选（右4）访问巴基斯坦时与卡拉奇朋友们的合影。右3为诗人萨希尔·安萨里教授，右5为翟迪先生，左4为已故诗人阿拉姆·达布先生，左3为诗人纳卡什·卡兹米先生，左2为诗人希玛叶特·阿里·沙叶尔先生，左1为女诗人法蒂玛·哈桑博士。

布扎比的飞机，我只得在沙迦降落。该文学社主席伊兹哈尔·海德尔先生亲自驾车数百公里到沙迦来接我。宾主一见如故，一路谈笑风生。他告诉我："您寄来的诗中的一联幽默诗成了我儿子向我要礼物和玩具的理论根据。当我拒绝他的要求时，他总会背诵它来说服我：'请君偶尔说声行，行比不行更简练'。"

研讨会上，我宣读了论文《纳迪姆·卡斯米与中国》，其中对他在其诗歌与小说中对解放前的中国人民的同情和对中国革命的支持表达了衷心的感谢。在诗会上，我朗诵了自己的乌尔都文诗作《献给纳迪姆》和一些"厄扎尔"，其中盛赞了他的高尚品质与情操、在乌尔都文学创作上的丰功伟绩和热心栽培年轻文学家的不朽功德。

会后，纳迪姆·卡斯米先生这位长者不仅从巴基斯坦给我寄来了一封热情洋溢的感谢信，而且从那时起便把我当成知己和弟子，开始赠寄由他主编的、世界上最权威的乌尔都文学季刊《艺术》，每季一本，每年四本，直至2006年仙逝，18年如一日。《艺术》不仅内容丰富多彩，艺术价值高，而且比较厚重，每次包装上都贴着折合人民币 27 元的邮票。更何况他每次通过《艺术》寄给我的慈爱和期望——期望我对中巴友谊作出更多的贡献——又怎能用货币来衡量！

所以，在他仙逝的噩耗传来后，我禁不住潸然泪下。在以后相当长的一段日子里，只要一提到他，我总是两眼湿润，嗓音哽咽。于是，我又用乌尔都语写了一首哀悼他的诗，聊以抚慰自己因失去一位慷慨无私的忘年之交和良师益友而悲痛不已的心灵。

"不收兄弟的车费"

到迪拜参加诗会时，我一眼就看见就职于迪拜《海湾时报》的老友、中国国际广播电台乌尔都文组前改稿专家、巴基斯坦人贾米尔·艾赫塔尔先生在会场的大门口等候着我。他邀请我在研讨会和诗会结束后到他家小住两日，以叙旧谊。盛情难却，婉拒不如从命。

次日，我与贾米尔先生打出租车去市场。从我们在车上的对话中，那位来自巴基斯坦俾路支省的中年出租车司机得知我是来参加"艾哈迈德·纳迪姆·卡斯米国际研讨会与诗会"的中国诗人，下车后竟然拒收车费。理由是："您是中国人，我是巴基斯坦人。而且您还是为参加巴基斯坦人民崇敬的乌尔都文坛泰斗艾哈迈德·纳迪姆·卡斯米的国际研讨会与诗会而来的。我们是兄弟，兄弟不收兄弟的车费！"

我觉得，这位憨厚汉子的话字字珠玑，掷地有声，声声打动着我的心；他的个头在我眼中骤然升高，高得像喜马拉雅山！他的形象至今时时浮现在我眼前，他的声音也至今时常回荡在我的耳畔。

大文豪带病陪客

2000 年 10 月，笔者应邀参加多哈与迪拜的印巴侨民文学组织联合举办的为期十天的乌尔都文学节，并被迪拜的印巴侨民文学组织授予"萨利姆·加弗里文学奖"。

在前往多哈途中，我在卡拉奇换飞机，在机场与拉合尔的著名作家阿什法克·艾哈迈德老前辈邂逅。他埋怨道："你常来巴基斯坦，但不去拉合尔。"笔者当场许诺：返回途中一定去拉合尔。

文学节结束后，我回国途中专程去卡拉奇、伊斯兰堡和拉合尔拜访了那里的众多老朋友和老前辈。在拉合尔，诗人阿达乌尔哈克·卡斯米、阿姆加德·萨拉姆·阿姆加德和哈桑·拉兹维在一家餐厅设晚宴招待我。当时已 84 岁高龄、因病久不外出的文坛泰斗纳迪姆·卡斯米先生，在其义女敏苏拉女士的陪同与挽扶下，不仅参加了晚宴，而且紧靠着我就坐，与我促膝谈心，格外亲切。

大洋彼岸的赠礼

2008 年 11 月，旅居美国洛杉矶地区的巴基斯坦与印度侨民的文学组织"乌尔都语中心"邀请我参加洛杉矶与盐湖城的乌尔都语诗会，并授予我"乌尔都的骄傲文学奖"。他们身居异国他乡，与自己的祖国远隔重洋，无尽的乡愁已使他们的身心疲惫不堪，还念念不忘弘扬和发展自己的母语文学。更难能可贵的是，竟然还想着我这个异国同语的兄弟，足见其情之真、谊之厚，令我感激不尽。

去年冬天，上述文学奖的出资人翟迪先生来北京，从旅馆打电话给我问候平安，更使我感动。因为他马上要离京返美，我未能当面致谢，心中又添了一份歉疚。

授予中华民族的奖章

我深感一生庸庸碌碌，一事无成，对中巴友谊的发展更是鲜有建树，并常常因此而悔恨，而自责。但巴基斯坦政府却于1993年和2006年根据总统和总理共同签发的命令，分别授予我"巴基斯坦奖章"和"伟大领袖之星奖章"。在我看来，每枚奖章都是巴基斯坦政府和人民给予我的鼓励，鼓励我为中巴友谊的发展多作贡献，愿我在促进中巴友好的路上永不止步。

我深感巴基斯坦政府和各阶层人民对我的爱是真诚无私、发自内心的，我将没齿不忘。他们之所以爱我，只因为我是中华民族的一分子。他们通过对我的爱，表达了对中华民族的爱，因此我把他们授予我的奖章，更看成是巴基斯坦政府与人民授予中华民族的奖章。

张世选

（资深翻译家，曾任中国画报出版社审读、人民画报乌文组组长等职）

巴基斯坦——我永远思念的地方

　　关于巴基斯坦，我有说不完的故事，因为那里有我无数的听众朋友。不管他们的社会地位有多么不同，他们都是那么热爱中国，都是从孩童或青年时期就收听中国国际广播电台（CRI）的广播。他们是中巴友好的基石。如今，退休在家的我对他们依然魂牵梦绕，有着绵绵不断的思念。

　　在巴基斯坦，到处都能遇到不同阶层的听众。这是我作为一个广播工作者的骄傲。在我任记者期间的工作采访中，得知巴前外长古哈尔·阿尤布·汗和前新闻广播部长穆沙希德·侯赛因都曾在年轻时就收听 CRI 的广播。穆沙希德·侯赛因先生还对我说："如果你们对听众来信建档的话，一定会查到我的信件。"1977 年，他随巴基斯坦青年代表团访华时，还到 CRI 做过客。担任新闻部长以前，他是一位资深记者，写了很多介绍中国的文章。

　　1997 年香港回归前夕，一次新闻发布会结束之时，面对各国记者，这位部长极其激动地向中国记者大声说："中华人民共和国的朋友们，祝贺你们，香港就要回归了！" 后来我以此话为由头采访了他。他对我所提问题的铿锵有力的回答让我震撼、佩服。他精辟地分析说："香港回归中国这一事件具有三方面的意义。首先，这标志着邓小平'一国两制'理论的胜利。其次，作为殖民主义的象征，香港的回归标志着英国殖民主义制度的失败。第三，香港的和平回归对巩固亚洲和平与稳定有着重要意义。这对本地区国家和中国的朋友来说都是值得借鉴和学习的。"

1997年6月采访巴基斯坦新闻广播部长穆沙希德。

　　他驳斥西方一些国家对中国政治制度和人权问题的指责时说的那段荡气回肠的话至今在我耳畔回荡："每个国家和民族都有权利决定自己的政治和经济制度，只要这种制度对他的人民有着广泛的利益，被人民所信任，别人无可指责。英国把香港作为自己的殖民地占据了一百年，从来没有提到或想到过香港人民的人权。当它不得不与中国政府签署协议，1997年要把香港归还给中国的时候，突然提出人权问题，这不是什么新鲜玩意，克什米尔问题就是英国殖民主义者留下的祸根。帝国主义和殖民主义者在它不得不结束自己的殖民主义统治的时候，总是想留下争端，制造长期的混乱。"

　　他在驳斥"中国威胁论"时说："综观世界发展史，不少国家在经济发展后实行的是军国主义、扩张主义和霸权主义。而中国走的是一条和平发展的道路。有的人说中国的发展给地区和世界和平带来威胁，那是别有用心！中国在别的国家有驻军吗？别国有中国的军事基地吗？有点学识的人都可以作一比较。正是中国的和平发展不仅给世界，更给地区带来了和平稳定。"

　　这有力的回答是发自他内心对中国的热爱，源自他坚持不懈地加深对中国的了解。CRI 拥有这样高端水平的听众，真是值得自豪。

1998 年春，在北部地区的斯格尔都小城，地区副专员阿克拉姆简单朴素的家里，一台收音机摆在醒目的地方。他指着收音机告诉我，他经常收听 CRI 的广播，并说："一个小小收音机就能让几个或几十人坐在一起来听广播。这里很贫穷，给你们写信的人会很少，但听中国广播的人很多。因为，大家都知道中国是巴基斯坦真正的朋友。"

在北部这么偏远的地方，连地方官员都在收听 CRI 的广播，不能不说中国广播具有强大的吸引力。我们的听众大多集中在旁遮普省，其次是信德省，在西北边境省和俾路支省也有相当多的听众。CRI 广播的公正、内容的知识性和趣味性极大地吸引了年轻听众。1998 年 8 月，巴新闻部组织记者到巴控克什米尔采访。在边境的战壕里竟然也遇到了听众，一位巴军人告诉我，入伍前在校读书时，经常收听 CRI 的广播，广播知识性很强。他说："曾从广播里知道中国的瓷器竟有三千多年的历史，很是吃惊。巴基斯坦人喜欢中国的瓷器，更喜欢中国人。"（乌尔都语中的 "چینی" 既有瓷器的意思，也有中国人、中国话和白糖的意思）他站在战壕里指着前方 200 多米处对我说："那里就是印度的边境了。我们都知道巴印战争的时候，中国无私地支持了巴基斯坦。"说起中国，他竖起了大拇指。

2005 年，我随中国国际广播电台代表团去巴北部考察听众俱乐部。途中，在下榻的旅店用早餐时，我用乌尔都语指着杯子里有点稀的牛奶跟侍应生半认真半开玩笑地说："牛奶里掺水了吧？"侍应生更风趣地回答我："不，是水里加了点牛奶啦。"我们俩同时笑了起来。他先问我在哪儿学的乌尔都语，知道我来自 CRI 后更是高兴。他说：以前，他经常听 CRI 的广播，尤其在广播里听到中国的穆斯林也过开斋节、宰牲节，主麻日也到清真寺去做聚礼，他觉得社会主义中国很自由。后来工作忙下班晚，听的时间少一些了。但他说："一定攒钱到中国看看。"

只有跟巴基斯坦朋友密切接触的人，才能真正体会到他们常挂在嘴边的"巴中友谊比山高、比海深、比蜜甜"的比喻是多么恰如其分。尤其是我，会经常得到听众的帮助，心里更比别人多了几分温暖：到加油站加油，热心的听众还会捎带着给验验车；到菜市场买菜，卖主总执意多给一点；留学时下课回来晚或下雨了，女生能帮忙把晾晒的衣服收好；听众结婚或孩子过生日，把我待为座上宾；等等。事例太多，不胜枚举。有件事至今让我心存感激。记得 2002 年 12 月 20 日，我随国际台代表团访问听众俱乐部时，由于盛情难却，在穆扎法尔格尔市举办的听众见面会拖延了时间，赶到木尔坦机场签订飞往拉合尔的航班时已没有足够的座位了，可下一场的活动已经在等着我们。焦急之中，我找到了机场值班经理，心里也只是想试试而已。值班经理听了我的话后却说了句："China Radio International, very good! I was its Listener."我正吃惊之时，他就找其他工作人员去了。真是巴中友谊的神力！一会儿，一位工作人员过来彬彬有礼地带我们办登机手续，说是有两位巴乘客愿意把座位让给中国朋友。匆忙中，我只是一个劲儿地致谢，竟然没顾得上问问他们的名字，至今都是我心中的遗憾。木尔坦的机场很小，航班也不多，但能如此急人所急的机场和自愿让出座位的乘客，只有在巴基斯坦！

广播、听众、友谊，三者间的紧密联系形成了中巴友谊的坚实纽带。广播促进着友谊，广播改变着听众，听众为中巴友谊做着努力。2005 年 6 月末，在海德拉巴的听众见面会上，我终于见到了经常在信中交流的信德省老听众阿扎姆·阿里·苏姆罗。他向代表团递交了半尺宽、近百米长的图文并茂的信，说："CRI丰富了我的知识，丰富了我的生活。我有很多朋友，遍布在巴基斯坦，我们是因为收听CRI而相识。我们会互相邀请对方参加各自俱乐部的活动，为巴中友谊作贡献。"他说："CRI给了我不断学习的动力。节目的网上播出使我们收听广播更便捷。所以，我下决心学会电脑，我的人生也因CRI而精彩！"

谢胡布拉市的听众卡西夫为学习中国建立"希望小学"，一天打几份工来资助上不起学的穷孩子。2002年在他家中会面时，他说："古代有一条丝绸之路，现在没了。但你们知道吗？这条路一直在这儿。"他用右手按着心脏说："在这里！CRI把这条路连到了这里！"他的话表明：CRI的乌语广播深入人心，已经成为巩固发展中巴友谊的坚实纽带！

在2012年底结束返聘工作之时，我对乌语部的听众及听众俱乐部档案作了最新的统计和整理。在阿富汗、孟加拉、印度和巴基斯坦，CRI乌语部拥有800多个听众俱乐部，而在巴基斯坦就有600多个。俱乐部的人数几十、几百、上千不等，成员组成涵盖社会各个阶层。巴听众俱乐部的活动多种多样，目的却只有一个——发展、巩固巴中友谊。每当中巴国庆或乌语广播开播纪念日等重要日子，听众俱乐部都会独自和联合举办各种各样的纪念活动，如诗会、介绍中国和CRI的展览、报告会，或邀请访问过中国的听众和社会名流作介绍中国的报告等，并把活动的报告、录像、照片、光盘等寄给我们。

穆扎法尔格尔是一个人口只有20多万的小城，但有大小60多个听众俱乐部。2002年12月20日上午，CRI代表团在该城参加建台60周年有奖知识竞赛颁奖和听众见面活动。

2002 年，在谢胡布拉市为听众卡西夫颁奖。

会场悬挂着旁遮普省十几个地区的 100 多个听众俱乐部制作的具有本俱乐部特色的大幅彩色横幅，一千多人的会场座无虚席。在会场的侧室，俱乐部联合举办了 CRI 与听众友好联系的展览。展品中有 CRI 各个时期的纪念章、琳琅满目的纪念品，各个时期的不同杂志、图书、报纸，听众访华和乌语部成员访问听众俱乐部时拍摄的不同时期、不同内容的照片，数次知识竞赛中听众获得的奖杯、奖品、丝巾、T 恤衫、中国钱币、剪纸、邮票以及其他礼品。这个展览充分反映了俱乐部与 CRI 的紧密联系，也反映了中国的发展进步。这是我访问的众多听众俱乐部中，唯一见到的规模如此巨大的展览。

更让人感动的是：2003 年，在"非典"肆虐期间，巴基斯坦有 20 多个听众俱乐部独自或联合举办声援中国抗击"非典"的活动，并和 CRI 连线播出活动实况。从 13 岁就收听广播并在 1974 年第一个成立听众俱乐部的巴哈瓦尔布尔市的巴伯尔和穆扎法尔格尔市短波收听俱乐部主席、现任 CRI 广播孔子课堂巴方负责人的乔杜里，都是积极的参与者与组织者。

活动在当地以至南亚都产生了很大的影响。

自 1966 年开播以来，很多听众已经随着乌语广播从青年走入中年或老年，但一批批的新生力量在继往开来。听众伊加兹先生曾是位工程师，经常在收听报告中提出好的建议。因他住在品第，来伊斯兰堡记者站的听众都先到他那儿落脚。我称他为 CRI 的"大使"。遗憾的是，2003 年，伊加兹先生因脑溢血去世，乌语部在节目中作了特别的悼念和缅怀。伊加兹的儿子在电话采访中告诉我："我要像父亲一样，继续当'大使'，继续为巴中友谊做事。"感动得我热泪盈眶。还有俾路支省巴中友协主席法西先生、白沙瓦大学教授阿耶都拉、西北边境省巴中友协秘书长吉拉尼先生……我脑子里有无数热爱中国并致力于巴中友好的听众的面孔，栩栩如生。我时常会想起他们。十几位听众由于在发展巴中友谊中作出了突出贡献，已先后被 CRI 邀请访华。

我还时常思念那些热爱中国的巴基斯坦同行们，他们的热情、无私的帮助至今让我难以忘怀并心存无限感激。他们在发展中巴友谊和扩大 CRI 影响中发挥了很大作用，不写写他们，将在我心中留下永远的歉疚。

每次考察听众俱乐部或颁奖，我们都要带很多礼品、奖品。而听众喜欢的收音机、手表等物品，巴海关是有数量限制的。在入关、交通、安全、联系采访等方面，除了巴驻华使馆的帮忙，每次我们还都得到了巴同行的热情接待和帮助，进出海关很顺利。有时同行还亲自去机场接送。在巴基斯坦的任何一家电台，同行们都会用抛撒玫瑰花瓣、佩戴花环，以及用信德省的扎染花披巾、旁遮普省的木雕、西北边境省的铜器做礼物欢迎 CRI 代表团。

在伊斯兰堡，巴新闻广播秘书、广播公司总裁和台长都会在百忙中抽出时间亲切会见 CRI 代表团，有时还设宴款待。

　　拉合尔台台长阿斯加尔·哈立德是一个极其热情干练的人。
2001—2005 年，CRI 代表团三次对拉合尔的访问都得到了他
的大力帮助和热情接待。听众见面会和颁奖会有时在省会，有
时在周边小城举办。每次到拉合尔，台长都与当地警察局联系，
为我们安排好路线，前有警车开道，后有电台持枪警卫的车压
阵，遇到交通拥挤还时常鸣警笛，使代表团呼啸而过。这种礼
遇让我十分感动，也有点难为情。但台长却说："派警车是为
了保证交通通畅，使你们的活动能圆满完成。"在车水马龙的
拉合尔，警车为代表团节约了不少时间。

　　2003 年初 CRI 代表团顺访卡拉奇电台的活动令我难忘。
由于飞机晚点，抵达卡拉奇时已是凌晨 2 点多钟。穆罕默
德·纳基台长不仅派了以前 CRI 的老专家、卡拉奇电台高级
节目制作人哈什米夫妇接机，还亲自在台前广场架起彩色帐
篷，举办了盛大的欢迎晚会。鲜花、美食、笑脸、笑声……代
表团被浓浓的兄弟情谊所包围；巴艺术家和电台工作人员表演
了风格浓郁的信德欢歌劲舞，驱走了代表团的旅途疲劳；兄弟

般的情谊让两国同行在东方破晓之时仍意犹未尽，恋恋不舍。我一直感慨：巴同行为欢迎 CRI 代表团彻夜未眠，在中巴友好的历史上也许不是绝后，但却是空前的。

在白沙瓦电台，台长古拉姆·阿巴斯为代表团举办了普什图歌舞音乐会。参观结束时，台长把欢迎实况以及采访录音刻成 CD 送给了代表团。

在木尔坦电台，音乐节目制作人巴希尔对我说："贵台的《欢乐你我》音乐节目我很爱听，名字起得很棒。我已把你们节目的名称借鉴到我的节目上了。"

每到一处，巴电台同行都会参加我们的活动，跟踪报道。海德拉巴电台台长纳瓦兹就亲自率领记者和高级节目制作人等10 多人参加 CRI 与听众的见面活动，并进行现场报道。代表团的每次活动在巴基斯坦都引起轰动，这和巴同行的及时采访报道有直接关系。记得 2001 年在拉合尔举办听众见面会时，来自信德省内地塔塔地区的听众穆萨·戈玛尔对代表团说："我的家在沙漠地区，缺水、缺电，更缺少文化生活。乌尔都语广播这一来自友好国家的声音让我的生活变得不再枯燥。从FM101 中听到了对拉齐娅（作者播音名）的采访，知道代表团在旁遮普省活动的情况，我从数百公里以外赶来就想见代表团一面。"

作为一个老广播工作者，我很欣慰：CRI 乌尔都语广播的听众遍布巴基斯坦。它播下的友谊种子已经发芽生根，并长成了一棵棵枝繁叶茂的参天大树，这参天的大树就是中巴友好的栋梁。

孙莲梅

（中国国际广播电台乌尔都语部前主任）

中巴文化交流中的一次经历

　　1951 年 5 月 21 日，中国和巴基斯坦正式建立外交关系。建交以来，两国在和平共处五项原则的基础上发展睦邻友好和互利合作关系。中巴两国是友好邻邦。不管世界风云如何变幻、两国政府如何更迭，中巴两国都是"全天候"的朋友。

　　关于中国与巴基斯坦的友谊，我曾写诗赞道：中巴友谊，源远流长。丝绸之路，取道新疆。途经巴国，通往西方。古代强国，汉与贵霜。张骞西行，结交友邦。贵霜使节，东出敦煌。法显游学，宋云留洋。客居三载，大唐玄奘。阇那崛多，青史流芳。中巴建交，谱写新章。两国首脑，频频互访。友谊之树，根深干壮。文化贸易，频繁来往。和平共处，他国榜样。相互支持，共同富强。代代相传，永不相忘。[注：阇那崛多（522—600），古代南亚西北部犍陀罗国人。少年出家，北周明帝武成元年（559 年）来到中国译经传教。]

　　我有幸三次在中国驻巴基斯坦使、领馆工作，见证了 1980 年至 2003 年间中国和巴基斯坦之间的文化交流。

　　巴基斯坦文化是多种文化的混合体。它既有印度河流域文明的影子，又有英国文化的烙印，更有伊斯兰文化的成分。由于经济落后、政局动荡等因素，巴基斯坦的文化教育事业发展较为缓慢。

　　巴基斯坦的文化政策是以伊斯兰教义为准则，保护和发展本国的语言和民族文化遗产，抵制违背伊斯兰教教规和信条以及不符合本国国情的外来文化渗透，绝对禁止色情、污秽文化的传播。

　　巴基斯坦电影《永恒的爱情》等曾令许多中国观众倾倒。

观众尤其喜爱的是其音乐和舞蹈。巴基斯坦影片的情节都比较简单，而且影片中绝不允许有接吻、拥抱、裸露等镜头出现。巴国内放映外国影片时，若有接吻等镜头，也会被剪掉或遮住。

巴基斯坦主管文化的部门是文化、体育、旅游、青年事务部。该部设部长一人，秘书一人。部长是内阁成员，秘书相当于副部长，是常务最高文官。其下有联合秘书、副秘书等官员。

巴基斯坦的主要文化机构有：巴基斯坦全国艺术委员会、巴基斯坦文学研究院、民间遗产研究所等。

巴基斯坦全国艺术委员会是巴文化部下属的一个单位，成立于1972年，主要职能是指导全国的文化艺术活动，按联邦政府的指示协助实施文化协定和文化交流执行计划，接待外国来访的艺术团组和组织出访的艺术团组，举办全国性和地区性的艺术展览和艺术节，就全国文化活动的政策和计划向政府提出建议等。全巴四个省皆设有省一级的艺术委员会。全巴基斯坦只有一个国家艺术团，在卡拉奇。它受全国艺术委员会的领导。这个艺术团的节目以巴基斯坦的民族歌舞为主，任务是出国访演及为来访的外宾演出，很少为国内观众演出。这个艺术团曾多次访问中国。

巴基斯坦文学研究院成立于1976年，隶属于教育部，是主管全巴基斯坦文学创作及文学家的最高专门机构，相当于中国作家协会。文学研究院的最高领导为主席，下设一名主任负责日常事务。

民间遗产研究所成立于1978年，隶属于文化部，其职责是挖掘和收集整理民间文化遗产资料，组织民间文化活动，如举办民间艺术节、民间传统工艺展览等。执行主任负责民间遗产研究所的日常事务。

袁维学向巴基斯坦民间遗产研究所赠送自己的翻译作品。

　　中国和巴基斯坦一直保持着密切的文化往来。建交后，两国即互派文化团组访问和举办展览。1965 年 3 月 26 日，中巴两国政府代表在拉瓦尔品第签订了文化协定，并于该年第一次签署了年度文化交流执行计划。迄今，两国已签署了 11 个执行计划。

　　巴基斯坦人民对中国文学、中国作家并不陌生，一般大学生都知道鲁迅、茅盾、巴金，还能列举出他们的作品。有些人还能津津乐道地谈起中国的现代作家以及他们的流派。

　　巴基斯坦著名作家绍克特·希迪奎先生说："如果说巴基斯坦人民对某位中国作家较为了解，那就是中国的伟大文学家和思想家鲁迅。"早在巴基斯坦独立之前，当鲁迅先生还在世时，《鲁迅短篇小说集》就被译成乌尔都文在南亚出版并广为流行。这些短篇小说深受读者欢迎，许多人写文章高度评价鲁迅的文学成就。至今，鲁迅小说在巴基斯坦文学院系仍被列为必读之书。

　　新中国成立后，特别是自 1980 年中巴两国文化交流步入

袁维学在伊斯兰堡国立现代语言大学演示中国书法。

正轨后，两国作家代表团、画家代表团、艺术团每两年一来一往。许多中国著名作家先后访问过巴基斯坦。诗人袁鹰曾两度访问巴基斯坦。他和闻捷访巴后合著的诗集《花环》，不仅在中国流行，还被译成乌尔都文在巴基斯坦出版。著名作家杨沫、曲波等也都访问过这个清真之国。

巴基斯坦翻译出版了《中国诗选》、《中国民间故事》、《中国现代小说选》等书。中国也翻译出版了《伊克巴尔诗选》、《真纳传》、《巴基斯坦短篇小说选》、《悲哀世代》、《花园与春天》、《真主的大地》等巴基斯坦文学作品。中国画家林墉、苏华的《访问巴基斯坦画集》由巴基斯坦政府出版，齐亚·哈克总统曾将该画集作为礼品赠送给外国客人。

巴基斯坦人非常喜爱诗歌，诗人比比皆是。诗成了他们文化生活的重要组成部分。许多人即使自己不会做诗，也会吟诵几首历史上的大诗人迦利布和现代已故诗人伊克巴尔、费兹等的诗。即使记不得全诗，也能背诵其中的名句。与巴基斯坦人聊天，他们时不时就会背诵几句诗来阐明其观点。他们若知道你也略通诗道，便会喜形于色，对你格外亲切。

由于巴基斯坦诗歌发达，一种民间的文学活动形式——诗歌欣赏会便应运而生。诗歌爱好者们常在下午或晚上聚在一起，欣赏诗歌。有的诗会已经成了固定的组织，定期举办活动。这种诗歌欣赏会在巴基斯坦的各个大小城市，包括农村到处都有。欣赏会上，诗人们各自朗诵自己的诗作，听众"哇，哇"叫好，诗人乐不可支。有时，大家还对某人的诗作评论一番，互相切磋，提高技艺。有时，还请著名诗人到会，朗诵其佳作，供大家欣赏、学习。

巴基斯坦，诗人灿若群星，不愧是个"诗之国度"。

我 2000 年初第三次到巴基斯坦工作。4 月，巴基斯坦民间遗产研究所所长阿克西·穆夫迪告诉我，他们拟于 9 月在巴北部地区的吉尔吉特和罕萨举办"国际丝绸之路节"，并希

望中国新疆能派艺术团和民间艺人参加这一盛会。我与新疆维吾尔自治区文化厅联系，他们很支持这一创意，决定派喀什市歌舞团赴巴访演。穆夫迪决定，由他、我和吉尔吉特市的财政秘书阿克特尔·布哈利三人从陆路驱车前往喀什挑选节目和商谈有关事宜。7月12日凌晨5点，我们乘吉普车由伊斯兰堡出发前往吉尔吉特。这条路穆夫迪已走过多次，但我却是第一次。这条路上的文化古迹和自然风光对我来说都很新鲜。穆夫迪很理解我的心情。他说，路上的一些著名景点都停下来让你观赏一下。

我们将沿中巴友谊公路（又称喀喇昆仑公路）到达中国。中巴友谊公路与古丝绸之路走向基本一致，都穿行在崇山峻岭间一条迂回曲折的峡谷中。古代丝绸之路东起长安（今西安），沿渭水西行，循着河西走廊至敦煌，由敦煌分南北两路：南路从敦煌西南出阳关，至楼兰（今若羌东北），沿昆仑山北麓西行，经于阗（今和田）、莎车等地到达葱岭（今帕米尔）；北路从敦煌西北出玉门关，至车师前王庭（今吐鲁番），沿天山南麓西行经龟兹（今库车）、疏勒（今喀什）等地到达葱岭。在葱岭又分成两条路：一条南下印度，一条西进巴基斯坦。

吉普车在离开伊斯兰堡四个多小时以后，在一处废墟前停了下来。穆夫迪对我介绍说："这里在佛教兴盛时期是一个大寺院。法显的《佛国记》中对此处有记载。"这里虽然已成了废墟，但当年繁华的景象还依稀看得出。高大的窣堵波（圆形佛塔）较为完好地屹立着。它是由小石块垒起来的，约有30来米高。虽然表面有些石块脱落，但却无损它的雄伟。它经历了无数的风雨和战乱，目睹了残酷的人间沧桑。

旁边山上有很大一片寺院遗址，几十间禅房的遗迹静静地躺在那里。我站在一间有房基而无房子的禅房跟前，注目观看。

我似乎觉得它在对我说：当年，你们中国第一个来天竺取经的和尚法显就住在我这里。他待我很好，我也尽力地为他效劳。你这个后生没有忘记我这老朽，谢谢你。我情不自禁地从旁边摘了几朵野花，恭恭敬敬地放在过去和尚们放灯的地方，也算作供养吧。

到了印度河畔，我们又停了下来。穆夫迪指着印度河说："马其顿国王亚历山大大帝在打败波斯王大流士三世后，于公元前327年南下印度。他们就是在这里渡过印度河往塔克西拉方向去的。……"

我还没等他说完，就问道："听说巴基斯坦北部的卡拉什族就是古希腊人的后裔，是吗？"穆夫迪说："是的。这个民族有它自己的宗教，政府从来不干预他们。"

吉普车行驶在印度河左岸的喀喇昆仑公路上。路越来越难走，也越来越危险。左边峭壁，右边深渊，河流蜿蜒，道路崎岖。

吉普车经过一座桥梁。我看到桥墩上精美的汉白玉石狮，非常兴奋。一看便知，它们是出自中国工匠之手。我感到很亲切。可惜，有一尊石狮不翼而飞了。我想，可能是哪位巴基斯坦艺术爱好者把它当作艺术珍品收藏起来了，或者把它当作巴中友谊的象征而放在了自家的门口，以向来访者炫耀。不过，我的心里总是有点儿惋惜。

当吉普车离开印度河来到一个山谷里后，穆夫迪领我去看一处古迹。有几块硕大的石头，上面刻着文字和画图。我问穆夫迪："这是什么文字？"他说："这是巴利文，古代佛教徒用的文字。""这是佛教徒经过此处留下的痕迹。"

我仔细地看了看，文字不规则，这儿一段，那儿一段，也非一个人的手迹。还有狗、鸡、羊等图形。我想，古人是不是也像现代有些人一样，在一些名胜古迹处写上"某某到此一

袁维学在巴基斯坦北部的崇山峻岭间留影。

游"？我仔细寻找，看是否有法显或其他中国和尚留下来的痕迹，但没有找到。可能是他们太谦虚，不愿意留下姓名吧！

我虽然没有在石头上写上"袁某到此一游"，但也让穆夫迪给我拍了几张照片留作纪念。

夕阳西下，但我们离目的地还有很远的距离。天越来越黑，我们摸黑前进，四周一片黑暗。周围没有村庄，路上没有车辆，唯一的亮光就是我们的车灯。路很窄，万一不小心掉到下边的山谷里，就要车毁人亡。我想，当年法显和玄奘经过这里时，前不着村，后不着店，如何度过漆黑的夜晚？坐着汽车尚且不易，徒步就更加困难了。

夜里 11 点左右，我们终于到了目的地——吉尔吉特。途中坐了将近 18 个小时的汽车，到了住地已经完全筋疲力尽了。

次日上午，我们又坐吉普车继续前进，在罕萨（也译为洪扎）小憩。罕萨原先是一个土邦，由罕萨王管辖。现在土邦已不复存在，但罕萨王的后裔在当地仍很受尊重。罕萨距中国新疆直线距离仅有 30 余公里。它被喀喇昆仑山所包围，是一个狭长的山谷。这里风景如画，恬静如诗，人们过着"日出而作，日落而息"的农耕生活，自给自足，与世无争，宛如"世外桃源"。这里居住着洪扎人，他们与新疆的塔吉克族人操同一种语言。

喀喇昆仑公路从罕萨到红其拉甫山口是最艰险的一段路。山崖陡峭，道路崎岖，经常滑坡，是事故多发地。

离开罕萨不久，穆夫迪就指着对面的山坡说："你看，那就是古代的丝绸之路。"只见对面褐色的山崖上有一条羊肠小道，蜿蜒、陡峭，顺山势往前延伸。可以想象，走在那样一条路上是多么的艰难和危险！古代商旅就是从这条路上冒着生命危险把中国丝绸运往其他国家，又把其他国家的货物运到中国。也就是这条险路沟通了中外文化交流。

喀喇昆仑公路不是沿着古代丝绸之路修筑的，而是在它的对面。坐汽车行驶在柏油路上都觉得腰疼腿酸、担惊受怕，可想走石头路的人有多困难？古人从没有路的山涧里开辟出一条路，很了不起；今人凿山铺路，也同样了不起。实际上，喀喇昆仑公路是用中巴两国人民的血汗构筑起来的，每修筑一公里公路，就牺牲一位中国的好儿郎。我身临其境，深感筑路者的艰辛。

下午，我们到了靠近中巴边境的巴基斯坦口岸——苏斯特。苏斯特是巴基斯坦的一个边陲小镇，镇上许多商店都卖中国的日用品。由中巴友谊公路过来的游客或商人都在此办理入境手续。它与中国的口岸塔什库尔干隔山相望。

我们到后，听说上午在离这里12公里的地方发生了塌方，车辆、行人无法通过。我们在心里默默祈祷，但愿明天情况好转，我们能顺利过去。

第二天早晨，我们打听路况，听说山上还在往下面掉石头。

我们很着急，因为新疆维吾尔自治区文化厅和喀什市文化局的人在红其拉甫哨所等着我们。10点钟，我们实在等不下去了，就想愣冲过去。我们出发了，但到现场一看，并非我们想象的那么简单。左边是高山，右边是深渊，中间路上堆积着一二尺高的大小石头。山上还像下陨石雨一样往下落石头。我们向当地人打听后方知，此处经常出现滑坡。据说山顶上有熔岩向外迸发，推动石头下落，便出现了这种状况。何时能够停止落石，谁也说不清楚。车子根本不可能开过去，我们只好折回。中饭，食而无味；心情，像热锅上的蚂蚁。怎么办？

下午1点左右，前方来人说，大石头已经不落了，小石头还在往下落。我们与当地人商量决定：我们从这儿乘车到出事地点，然后从石头上走过去，到了那一边，再乘另外一辆吉普车前进。行李由当地人给我们送过去。

1点半左右，我们来到了滑坡地点。我举目观望，山上还在不断地往下落石子。我们决定冒着危险冲过去。阿克特尔·布哈利第一个向前冲去，一路小跑。我顾不及看他，紧跟其后，穆夫迪也跟了上来。我们跌跌爬爬，终于过去了。一场多么惊险的拼搏！

我心里曾想：如果我这次被石头砸死，是否值得？

结论是：为了中巴友谊，为了对外文化交流事业，值得！

袁维学

（中国前驻泰国、巴基斯坦、菲律宾使馆文化参赞）

忆老朋友哈比布先生

哈比布先生的全名是哈比布·拉赫曼（Habib-ur-Rahman），不过中国朋友都叫他的简称——哈比布先生。哈比布先生是我的第一个巴基斯坦外交官朋友。他去世四年多了，我很怀念他。以下这点文字，是我对他的纪念。

初识哈比布

我和哈比布先生初次见面，大概是在 1979 年，具体场合已经不记得了，但事情记得很清楚，迄今历历在目。

当时哈比布先生拿了一部巴基斯坦电视剧的录像带送到中央电视台，希望能够译制成汉语播放。中央电视台搞译制的部门就找我们帮忙，具体工作就落到了我头上。

我看了电视剧的录像，才知道这部题为《教授·道路》的电视剧是讲乞丐问题的，剧情就是一位教授想通过教育的方式解决职业乞丐这个社会问题。当时我还没有去过巴基斯坦，不知道那里有职业乞丐，还有"丐帮"，所以我对介绍这样一部电视剧很不以为然——既然要给中国电视观众看，就得选一部好看的，乱糟糟地弄一群乞丐算什么事？对巴基斯坦的形象也不好啊。于是，我向哈比布先生提出，我们不想做这部片子。但哈比布先生说，没有关系，就用这部片子。他还说这是大使给的任务，千万给帮帮忙，要不他的饭碗就砸了。这话也许是玩笑，也许是夸张，但他心情很迫切，这样，我们谁也无法推辞了。

我仔细地听了电视剧的录音，再对照巴方提供的剧本，发

现剧本和电视剧根本对不上，差别太大了。显然，在电视剧拍摄过程中，台词有一大半变了，但电视剧拍完就完了，没有人再去修订剧本。我们拿到的，是手写的原始脚本的复印件，显然，它已经没有用了，我必须靠听来记录一份台词，然后才能开始翻译。这个工作太难了，于是，我又把球踢给了哈比布先生。

哈比布先生第二天一早就来了，他要亲自听记台词。当时电视台的工作间很狭小，没有桌椅，哈比布先生就坐在沙发上，反复地听录音，然后趴在茶几上写，就这样干了半天。哈比布先生是使馆负责新闻、文化事务的二秘，不能整天待在这里，下午，他派来一个助手，又干了半天。

哈比布先生帮我们听记的台词只是很小一部分，不过他的精神很令人感动。后来，我决定自己干，电视剧台词的语速是很快的，必须一遍遍反复地听，然后用打字机打出来。我花了整整三天时间，终于整理出一份准确、完整、清晰的台词脚本。

剧本翻译完了，译文的长短、停顿，同剧中人物的口形是可以对得上的。然后，我又和配音演员们一起，协助他们配音。经过配音和制作，电视剧在中央电视台播出了。电视剧本身没有什么，但通过这一工作，我结识了哈比布先生，也结识了电视台译制部的朋友。

我后来又翻译过两部单本剧、一部20集的连续剧和好几部电影，用的都是听译的方法，译文的长短、停顿、语气同录音基本一致，不需要专门对口形的编辑再作加工。对于学外语的人来说，这其实是一种极好的训练。

为推动巴中文化交流而努力

哈比布先生早先在广播电台和报纸工作过，后来进入巴基斯坦新闻部，不久又调入外交部。1977年至1979年，他在北京语言学院学了两年汉语，然后进入驻华使馆工作。哈比布先生的汉语讲得不错，做事又很努力，对中国的办事规则也很了解，人脉很好，加上又遇到了中国改革开放已经开始的好时代，所以，他在推动两国文化交流方面很快做出了令人瞩目的成绩。

哈比布先生不久又拿来一部电视剧要我们翻译。这一次，我们就跟他提条件了，即巴方必须给中央电视台提供一部好的电影。经过了解，我们指名要当时在巴基斯坦口碑不错的《生命》。这个要求，哈比布先生果真给办到了。中央电视台译制了这部电影，后来好像某个电影制片厂也译制过。对于"文革"刚刚结束、电影业还未复苏时期的中国观众来说，《生命》是一部不错的、拍得很漂亮的电影，很受欢迎。随后，巴基斯坦电影《永恒的爱情》、《人世间》等相继在中国的电影院上映，受到观众的欢迎和媒体的热议。

后来，东方歌舞团和巴基斯坦的歌舞团开始了互访，中国歌唱家演唱巴基斯坦歌曲，很受欢迎。在哈比布先生推动下，制作出版了有 11 首巴基斯坦歌曲的磁带，由牟玄甫、郑绪岚、索宝莉、朱明瑛等中国当红歌手演唱，配有王益友汉译的歌词。后来，又出版了一盘巴基斯坦电影歌曲磁带，收有 12 首电影歌曲，配有张世选汉译的歌词。

中国画家林墉 1978 年随代表团访巴，画了一些速写和国画，在广州办了一个小型画展。有巴基斯坦留学生看了，觉得画得真好，便告诉了巴基斯坦驻华使馆。在哈比布先生推动下，岭南美术出版社于 1981 年 1 月出版了林墉的活页画册《巴基斯坦写生》，收录了 24 幅画作。1981 年 4 月，巴方特别邀请林墉、苏华夫妇赴巴访问并创作。哈比布先生亲自陪同他们，在巴基斯坦游历了三个星期。这次访问成果丰硕，两位画家创作了更多精美的画作。他们在广州举办画展，巴基斯坦驻华大使尤纳斯先生亲自去看了，非常喜欢，决定出一本画集。尤纳斯大使后来对笔者说，他那天在饭店久久不能入睡，想的是究竟出一本选集还是出一本全集。后来，大使决定出一本全集，把林墉、苏华夫妇访巴的画作，包括速写，一幅不拉地全部收进画册。大使把巴基斯坦国际航空公司的有关负责人叫到广州商议，请巴航提供资助。于是，就有了一册精美的《林墉、苏华访问巴基斯坦画集》，共收作品 150 幅。听说，这本画集成为巴航在世界各地最受欢迎的礼品。1985 年，在巴基斯坦驻华大使巴蒂先生和哈比布先生（其时已升任一秘）的努力下，画集又由人民美术出版社再版。在哈比布先生和巴驻华使馆的建议下，林墉、苏华双双获得了巴基斯坦总统颁发的勋章。

哈比布先生还推动中国中央电视台和巴基斯坦电视台合作拍摄了两部电视剧，中方拍摄的《纽带》在中、巴两国都播出了（1987 年 1 月 17 日首播），巴方拍摄的电视剧在巴

中国画家林墉、苏华夫
妇（供图：FOTOE）

基斯坦播出。

笔者于上世纪 80 年代向中央电视台推荐巴基斯坦电视连续剧《继承人》，得到了时任副台长阮若琳女士的大力支持。《继承人》译制完毕后，于 1986 年 11 月至 1987 年 1 月在中央电视台播出。后来，新疆电视台又将《继承人》译为维语。笔者还将《继承人》改编成连环画，由岭南美术出版社出版。这些事情，都得到了哈比布先生的大力支持。为了亲自看看连环画画稿，了解出版进度，他还到广州拜访了岭南美术出版社。连环画出版后，巴使馆又订购了一批图书，赠送各界朋友。

哈比布先生做的工作还有许多，笔者所知有限，以上不过举例而已。

难忘的帮助

哈比布先生推动中、巴两国电视台合拍电视剧，笔者参加了其中一点点工作，了解到一点关于巴尔蒂斯坦（小西藏）的情况。后来，又读到了当地学者 S. M. 阿巴斯·加兹米先生有关该地流传的《格萨尔》传说的文章。正好中国要举办首届《格萨尔》国际研讨会，我推荐阿巴斯·加兹米参加会议，得到了有关方面的同意。阿巴斯·加兹米收到了中方的邀请函，他寄来的论文我也译好了。但是，他到中国来的机票如何解决呢？

正在这个时候，1989 年 9 月，我受巴航主席的邀请到巴基斯坦去了一趟。借此机会，我去了巴尔蒂斯坦首府斯卡杜。阿巴斯先生的家就在那里，但他本人却在吉尔吉特工作。于是，我又赶往吉尔吉特。最后，我们一起乘大巴，在喀喇昆仑公路上颠簸 17 个小时，赶到伊斯兰堡。哈比布先生此时正在巴基斯坦外交部任职。

我带阿巴斯拜访了哈比布先生。我向他介绍了情况，希望他能设法为阿巴斯解决去中国的机票问题。哈比布先生说，如果他现在是外交部中国科的科长，那这个百分之百没有问题。但现在他不在这个位置上，所以只有百分之五十的可能，但他一定帮忙。

后来，哈比布先生以外交部的名义给巴基斯坦北部地区的专员发了一封公函，于是，阿巴斯先生得到了资助，同年 10 月 29 日顺利到达北京，然后又到成都参加了首届《格萨尔》国际学术研讨会。他的参加十分有意义，中巴两国的《格萨尔》学者有了第一次面对面的交流。

阿巴斯·加兹米能够到北京来，真得感谢哈比布先生的帮助。

中国情

哈比布先生对中国有很深的感情，在中国工作，他如鱼得水。他 1979 年至 1982 年在驻华使馆任二秘，1983 年回巴外交部任阿富汗事务处主任，但同年又回到北京当一秘，一直工作到 1987 年。为什么回来得那么快呢？

当时的中国驻巴基斯坦大使王传斌老人回忆说："有一位巴基斯坦人士托我向哈克总统说情，此人在巴驻华使馆工作过，后调回国内，他很想再到巴基斯坦驻华使馆工作，便再三求我向总统说情。我和这位朋友很熟，不好拒绝。经过考虑，在一次和哈克总统随意交谈时，我对他说，你们驻华使馆的工作人员为中巴友谊尽心工作，贡献很大，比如像某某先生就是如此，是一位非常热心的人。我的话就说到这里，没有说别的。过了不久，这位朋友果然又被派到中国。有一次我回北京见到他，他说多亏你的帮忙。"

我想，王大使说的这位巴基斯坦人士不是别人，就是哈比布先生。

哈比布先生 1987 年回国工作，1990 年至 1993 年在匈牙利和印度工作。1993 年，他又回到中国，先后任驻华使馆参

上世纪 90 年代初，陆水林（右 3）访问巴基斯坦俾路支研究所（在奎达）时与研究所同仁合影。

赞和公使，直到 1996 年。

1994 年 8 月至 1996 年 4 月，我在巴基斯坦信德省参加了一项水利工程的建设。回国后不久，有一次碰到哈比布先生，他说身体有点病。我说，是小毛病吧？他说，不，是很严重的问题。他的中国秘书告诉我，哈比布先生感到不适，秘书建议他去阜外医院检查，结果发现冠状动脉严重堵塞，需要做搭桥手术。

哈比布先生是公使副馆长，是大使馆的第二把手，中国医生当然建议他去发达国家做手术。但哈比布先生不干，他非要在中国做手术。他对医生说："我一定要在中国做手术，并且就在你们医院做，由你来做。"听说医院方面还请示了外交部，外交部当然不会就具体医疗问题发表意见，要医院自己决定。于是，哈比布先生就在阜外医院做了搭桥手术，时间是 1996 年 7 月。

手术很成功，大家都为之高兴。手术前后，我都去医院看望了哈比布先生，并代表我们单位送了花篮。哈比布先生的朋友多，大家都来送花，医院只好另开一个房间，专用来放花。

惜别

我和哈比布先生有过多年的交往，我采访过多位巴基斯坦驻华大使和许多巴基斯坦人士，有许多采访线索也都是他提供的。但是，采访他本人，我查到的却只有三次。

1996 年 8 月 1 日是我们乌尔都语广播开播 30 周年的日子，哈比布先生刚做完心脏手术不久，但他仍然为我们作了一个广播讲话。这是我第一次采访他本人。

哈比布先生离开中国前，我对他进行了第二次采访。

当时，哈比布先生已经卸任，使馆内的住房也交出去了。他儿子哈希博正在语言学院学中文，他就住在儿子的宿舍里。我就在那里采访他。

哈比布先生对这次采访很认真，专门写了讲稿，题为《中国朋友给了我友谊和鲜血》。哈比布先生的这篇讲稿我后来译成汉文，发表在对外友协的刊物《友声》1997 年 6 月号上。

1997 年 3 月，哈比布先生还来过一次中国，我的资料中，还有"采访前公使哈比布"一句。

此后，我和哈比布先生再未有机会见面，只听说他当了巴基斯坦驻某某国的大使。后来，听到了他在驻越南大使任上去世的消息。我给巴基斯坦驻华使馆打电话，得到了巴驻越南使馆的一个电话号码。我往那里打电话，已无人接听。

2010 年，我应邀到伊斯兰堡参加一个会议。期间，在街上与哈比布先生的儿子哈希博邂逅，他还记得我，我却认不出他来了。他告诉我，他父亲去世的第二天，他们就离开越南回巴基斯坦了。我打电话过去时，他们已经走了。

按照哈希博提供的他父亲的简历，离开中国后，哈比布先生除在外交部任职外，先后出任了巴基斯坦驻吉尔吉斯斯坦、希腊、塞尔维亚与黑山以及越南大使。

哈比布先生出生于 1950 年 7 月 18 日，于 2007 年 6 月 4 日逝世。

哈希博从北京语言学院毕业后，又上了清华大学，现在是巴基斯坦阿斯卡利银行的中国商务发展办公室经理。可以说，他是子承父业，也在为中巴友谊尽力。

陆水林

（中国国际广播电台译审、学者）

合作篇

最真挚的友谊 最可贵的合作

　　——出使巴基斯坦四年的感受

　　当今世界，很多国家之间建立了各种战略合作伙伴关系。而对中国来说，中巴战略合作伙伴关系最可靠、最弥足珍贵。中国人称巴基斯坦为"巴铁"；巴基斯坦人说，"巴中友谊比山高、比海深、比蜜甜。"这些朴实的语言是对"全天候友谊"和"全方位合作"的中巴关系的精确解读。

　　半个多世纪以来，中国始终将中巴关系置于自己外交的优先方向；对华友好则是巴外交政策的基石和举国共识。中巴关系经受了国际风云变幻和各自国内局势变化的考验，历久弥新，显示了强大的生命力。中巴友谊牢不可破，是两国人民永恒的宝贵财富。中巴关系已成为国与国之间关系的典范。

　　形容中巴友好合作可以用千言万语，但它最主要的特点可以归纳为：

　　1. 中巴是互相尊重、平等相待、高度互信、互利合作的好朋友；

　　2. 中巴是互相关心和支持对方核心利益的好兄弟；

　　3. 中巴是互相合作、互利共赢的好伙伴；

　　4. 中巴两军往来与合作是两国高度互信的重要体现；

　　5. 中巴在重大国际问题上有广泛共识和共同利益，并进行密切磋商和合作；

　　6. 中巴世代友好有广泛的民意支持和深厚根基。

　　2013年，中巴两国新政府就任，两国总理互访。2014年2月，巴基斯坦总统马姆努恩·侯赛因来华进行国事访问。两国领导人就深化中巴全面战略合作伙伴关系达成重要共识。中巴双方与时俱进，以新的思维，采取新举措，开辟中巴友谊传承新天地，开创中巴合作战略新格局，开启中巴关系发展新阶段。

我于1991年5月出使巴基斯坦，在那里度过了四年终生难忘的友好岁月。在离任之后的近20年里，经常有朋友问我在巴工作的感受。我的答复是：我一直生活在友谊的海洋里，亲身体验中巴的"全天候友谊"和"全方位合作"。在巴度过的岁月恍如昨日，至今仍历历在目。亲身经历的无数感人情景一直萦绕在我的脑海中，难以忘却。这里谨向读者介绍两个故事。

巴基斯坦对中国的宝贵支持

在我同巴领导人和政党领袖、军政高官、社会名流以至平民百姓的接触中，一谈到中巴关系，他们就赞扬中国对巴基斯坦的帮助，称中国是巴最可信赖的朋友。我的亲身经历说明，巴基斯坦同样给予中国以宝贵的支持和帮助，用北京人的话说，巴基斯坦是中国的"铁哥们儿"。

1991年5月21日，巴基斯坦总统伊沙克·汗出席中国驻巴使馆为中巴建交40周年举行的招待会。

1991 年 6 月 18 日，周刚大使和夫人邓俊秉拜会巴前总理贝·布托（左 1）及其母亲努·布托。

在涉及台湾、西藏、新疆和人权问题等中国的核心利益和重大关切上，巴基斯坦对中国的支持是明确的、坚定的、一贯的。在中国领导人访巴同巴领导人会谈时，在中国重要代表团会见巴政要时，巴方都表示坚持一个中国政策。1992 年 10 月，谢里夫总理访华，在同李鹏总理会谈时重申在台湾、西藏和人权问题上对中国的支持。1993 年 12 月，贝·布托总理访华时向李鹏总理表示，支持中国在台湾、西藏、香港和人权问题上的立场。1994 年 12 月，巴总统莱加利访华时，在同江泽民主席会谈中表达了同样的态度。

上世纪 90 年代，美国总是在一年一度的日内瓦联合国人权会议上向中国发难。每年春天，我都到巴外交部谈人权问题。1992 年 3 月 8 日，我约见巴外交部辅秘贾维德·侯赛因，就巴基斯坦在第 48 届人权会上对中国的支持表示感谢。侯赛因表示，这是巴应该做的，巴能在涉及中国重大利益问题上为中国朋友尽绵薄之力，是巴的荣幸，巴将一如既往支持和配合中国。

1993 年 3 月 2 日，我往见巴外交部辅秘莫尼尔·阿克拉姆，商谈在第 49 届日内瓦人权会上如何应对西方提案。阿克拉姆坦诚友好地表示，中国的关切就是巴的关切，中国朋友希望巴方怎样配合请直言相告，巴方将尽力帮助，以巴方的方式全力配合中方。听到这里，我深为感动。这不是一国外交部高官在表态，这是一个兄弟的肺腑之言。实际上，巴方的帮助每次都发挥了很好的作用，因为巴在人权委员会的伊斯兰国家成员国中有很多朋友，同一些西方成员国也能说上话。而且，巴方在多边外交舞台上有丰富经验，巴驻日内瓦代表团大使英文水平高、外交语言表达能力强。因此，巴代表团做工作的效果有独到之处。

1994年3月3日，我往见巴外事秘书夏利亚尔，希望巴在第50届日内瓦人权会上以程序性动议打掉西方的反华提案。外秘表示，贝·布托总理在去年12月访华时明确表达了在台湾、西藏、香港、人权问题上支持中国的立场，这次人权会上巴方也不例外。他说，巴支持中国反对西方的反华提案是基于中巴友好、单一标准和原则立场，巴政府已指示巴驻日内瓦代表团投票支持中国立场。我向外秘表示感谢。

1993年5月30日，周刚大使和夫人邓俊秉同谢里夫总理夫妇在一起。

1995年1月9日，我往见巴外交部辅秘莫尼尔·阿克拉姆，就西方国家拟在第51届人权会上搞反华提案事，请巴方支持和配合中国打掉上述提案。辅秘表示，中方希望巴方如何配合，巴方就怎么配合；中方完全可以期望得到巴方的全力支持。3月20日，我奉命就巴方在这届人权会上支持中国打掉西方提案事，向巴外事秘书谢赫转交钱其琛副总理兼外长致巴外长阿希夫·阿里的感谢信。

　　在我从巴基斯坦离任回国以来的19年中，巴坚持奉行一个中国政策，在涉台、涉藏、涉疆和反恐等中国的核心利益和重大关切上，继续密切配合中国，给予了宝贵的支持。巴基斯坦是公开明确支持中国实现和平统一大业的少数国家之一，并在打击"东伊运"恐怖势力上坚定支持中国的立场。这是中国人民永远不会忘记的。

　　2009年7月25日至27日，我作为杨洁篪外长的特别代表访问巴基斯坦，先后拜会了巴外秘巴希尔、外长库莱希和总理吉拉尼。我向他们介绍了新疆乌鲁木齐"7·5"严重暴力违法犯罪事件的原因和重大后果，以及中国采取的稳定当地局势的措施和收效。我代表中国政府感谢巴基斯坦政府在此问题上对中国的充分理解和明确支持。吉拉尼总理说，中国是巴的好朋友，在中国需要的时候，巴应该给予支持，正像中国在巴有困难时一贯支持巴一样。库莱希外长和巴希尔外秘都表示，巴方完全理解中国的处境，支持中国所采取的举措。他们非常诚恳地说，中国的稳定就是巴基斯坦的稳定，中国的稳定和发展有利于巴基斯坦。在伊斯兰国家组织秘书长拟召开紧急会议讨论乌鲁木齐事件时，巴基斯坦不仅明确反对，而且还告诉秘书长，中国是伊斯兰国家的好朋友，在中国面临困难时，伊斯兰国家应该支持中国，而绝不能做伤害中国利益的事情。库莱

1994 年 9 月 29 日，周刚大使陪同巴参议院主席萨加德出席中国国庆招待会。

希外长说，为了争取取消上述紧急会议，他不惜同那位土耳其籍的秘书长激烈争辩。

在伊斯兰堡的三天中，我还会见了巴穆斯林联盟（谢里夫派）秘书长达尔、伊斯兰促进会秘书长和伊斯兰神学会负责人，以及前议长、前外秘和前驻华大使，同巴多家媒体座谈，介绍有关情况和中国政府采取的举措。他们不仅向中国表示同情、理解和支持，还提出不少有关如何做伊斯兰国家工作的建议。

患难见真交。这就是中国面临困难时的巴基斯坦朋友。

全力营救被绑架的中国工程技术人员

进入 21 世纪，国人对中国驻外大使馆和总领事馆的领事保护业务越来越熟悉。随着数千万中国人走出国门和上万个中国企业实施"走出去"战略，保护在海外的中国公民和法人的利益和安全成为中国驻外使领馆的一项重要任务。中国公民在国外遭遇天灾人祸，中国最高领导人会在第一时间作出指示，有关驻外使领馆会立即启动营救方案，中国的广大老百姓会跟踪关注自己同胞的生死存亡。这种"外交为民"的理念和实践已成为今日外交的常规。

20多年前，当我在巴基斯坦工作时，就曾遇到中国公民遭遇绑架、车祸等突发事件，但那时领事保护业务还没有机制化。当时巴基斯坦的治安形势总体上是稳定的。但是，由于阿富汗战乱的影响以及巴边境部落地区同中央的利益摩擦，在巴工作的中国工程技术人员的安全已存在隐患。

1993年9月，中国地质工程集团公司在巴工作的王庆平和郑洪保被绑架。9月22日，我拜会巴看守政府外长阿卜杜勒·萨达尔，请巴采取措施解救二人。由于巴当时正进行大选，营救工作进展缓慢。其后，在1993年11月，1994年3月、4月和5月，我先后约见巴外秘，敦促巴方加大营救力度。经多方努力，王、郑二人不久获释。1994年5月下旬，我患急性传染性肝炎，回国治疗和休养，8月出院。8月19日，我在北京参加了中地公司为王、郑二同志安全回国举行的招待会，当面向他们表示祝贺和慰问。这次营救持续时间很长，王、郑二同志倍受折磨，反映了绑架事件的复杂和营救工作的艰难。

灾难从天而降

相比之下，1992年10月发生的绑架事件却复杂曲折得多，而且带有很大的戏剧性。

10月19日午夜，我和夫人邓俊秉教授在国内接待巴基斯坦总理谢里夫访问后，乘民航班机回到伊斯兰堡。使馆临时代办一见面就紧张地告诉我，在俾路支斯坦省山达克铜金矿工作的6名中国专家被不明身份的人绑架，详情正在查询。

经连夜向负责同该矿合作的中国冶金公司负责人和中国驻卡拉奇总领馆了解，事件发生的经过是：山达克铜金矿项目副经理张丰学和工程技术人员王承觉、王喜玲（女）、张玉华（女）、史国泰、陈喆一行6人，于19日晨7时乘吉普车离开工地赴俾路支斯坦省省会奎达公干，巴武装警察乘车在后警卫。下午2时，行至帕达克时，在一个前后无人的拐弯处，吉普车被尾随在后的一部卡车赶超。卡车上跳下武装人员，命令张丰学等6人下车，换乘他们的卡车后绝尘而去。巴警车抵达拐弯处时，已不见中国专家的踪影。据巴矿业发展公司告，他们已将此事报告俾路支省省长，巴当地驻军已开始全力追踪搜索。

这一整夜，我和使馆的主管领导难以入睡。

紧急大营救

祖国亲人在国外遭到绑架，牵动万人心。国内外立即展开了营救工作，北京的外交部是指挥部，中国驻巴基斯坦大使馆是前线。另外，还有驻卡拉奇总领事馆和驻阿富汗大使馆从旁协助。

20日上午，我紧急约见巴外秘夏利亚尔。外秘主动表示，巴政府获悉这一不幸事件后深为关切，巴中央政府、俾路支斯坦省政府、巴军方正全力以赴进行营救。巴方还注意不采取过激行动，以免绑架分子铤而走险，威胁人质的安全。据俾路支斯坦省首席部长告，绑架者及6名中国人已于19日下午经巴基斯坦和阿富汗边界口岸阿纳姆波斯坦进入阿富汗坎大哈省。我表示：从北京一抵达伊斯兰堡即得到此不幸消息。现在我奉命告诉阁下，中方对中国公司员工安全十分关注，希望巴方采取一切可能措施，使中国6名员工早日获释。当前最重要的是安全、特别是两位女士的人身安全。我要求巴方对山达克项目工地中方人员往返工地和卡拉奇、奎达、拉合尔采购生产和生活物资提供旅途安全保障。外秘表示，巴方正在采取一切可能措施营救中国朋友，并增派警力保护工地中国员工的安全。他还告，巴政府还要求阿富汗政府和坎大哈省当局合作营救。

下午，大使馆经济商务参赞陈子斌约见巴内政秘书西帕拉，商谈营救事宜。

22日，中国外交部亚洲司副司长张成礼紧急约见阿富汗驻华大使馆临时代办苏哈尼亚尔，表示中国政府十分关心，员工家属极为焦虑，请阿方采取一切可能措施营救，寻找人质下落，保证其安全并早日获释。代办表示，阿方将尽力协助寻找。

谢里夫总理关心营救工作

事发第二天，巴政府派奎达地区专员和山达克矿负责人率领50名武装警察，分乘8辆汽车，沿路搜寻线索、追踪绑架者，并于当日进入阿富汗境内。

22日下午，我会见巴内政部长舒贾特·侯赛因。部长表示，两小时前，谢里夫总理同他讨论了此事。总理深感不安，指示内政部采取一切可能措施营救。内政部打破常规，越过省政府直接处理此事。

23日晚7时，侯赛因部长打电话告诉我：6名员工现在巴阿边境一个阿富汗部落手中，巴方已派人同其进行谈判，绑架方提出了一些释放条件。巴方要求首先放人，对对方提出的条件将给予同情性考虑。为了确保中国人员不受伤害，巴方采取了特殊措施。

一个小时之后，夏利亚尔外秘给我打电话称，经过核实，6人现在阿富汗境内，系被卡来布扎伊部落绑架，这一事件同边境两边的部落矛盾有关。巴方已同阿政府联系，拟派准军事部队到阿境内营救。外秘强调，谢里夫总理非常关心此事，当务之急是保证人质安全。

25 日，巴外长坎久和外秘、总理顾问罗伊达德·汗、科技部长苏姆罗先后告我，谢里夫总理召开内阁会议，专门讨论营救事宜。总理十分不安，指示派内政部秘书前往俾路支斯坦省省会奎达协调营救工作。

26 日，谢里夫总理在为美国大使饯行的午宴上同我专门交谈了 10 分钟，他对 6 名中国员工被绑架事深表不安和歉意。他说，巴政府正在采取一切措施进行营救。他已派内政部秘书去奎达，事情已有进展。他强调，巴政府处理此事的首要考虑是中国人员的安全，不使他们受到任何伤害。他说，请大使放心，相信事件可于近日解决，一有好消息即告阁下。我对谢里夫总理的关心和巴政府采取的营救措施表示感谢。

27 日中午，巴内政部长打电话告我，根据谢里夫总理的指示，巴有关机构和边防部队已加强警戒，搜捕罪犯。部长强调，巴决不允许第三者阻碍中国朋友对巴援助的图谋得逞。他说，已成立一个由巴基斯坦和阿富汗中央及地方政府、部落会议代表组成的协调委员会。巴方已派人赴阿，28 日将同绑架者所在的部落谈判。

阿富汗政府积极协助

21 日，即事件发生的第二天，巴内政部秘书会见正在巴访问的阿富汗政府国务部长，通报了有关情况，请阿部长亲自过问，使人质早日获释。阿部长表示愿尽力帮助。

22 日，中国驻阿富汗大使馆临时代办张敏约见阿外交部副部长卡尔扎伊，请阿方协助寻找 6 名中国员工。副外长告，巴方已向阿方通报，此事为阿西南部的一个名叫叶海亚·努里的军阀所为，人质已被劫持到赫尔曼德省和法拉省一带。

26日下午，巴三军情报局打电话给我称，阿富汗有关部门请巴方转交中国6名员工24日签名的一张便条。便条上的英文内容是："我们在这里。我们很好。他们给我们食物、水以及我们日常需要的其他东西。他们对我们照顾很好。我们希望巴基斯坦政府对于他们的要求，尽快给予很好的答复。"我收到巴方送来的便条后，立即用中国大使馆的信纸答复6位同胞，表示祖国人民和大使馆十分关心他们的安危，正同巴政府一道积极营救他们。请他们保重身体，相信不久他们一定能平安归来。接着，我请巴情报局将大使馆的复信尽快转交中国6名员工。

29日，阿富汗副外长卡尔扎伊告张敏临时代办，他今晨同他的父亲（坎大哈省圣战委员会领导人阿卜杜·哈克·卡尔扎伊）通电话时了解到，6名中国人现在坎大哈省的沙漠地带，全部安然无恙，请中方放心。巴基斯坦人绑架了中国人，并将其交给同部落的阿富汗人，巴、阿当局正在同有关部落谈判。卡尔扎伊说，中国是阿富汗的伟大朋友，阿方将尽全力救人。在6名员工获救后，巴外秘告我，在营救过程中，阿富汗游击队盖拉尼派起了积极作用。盖拉尼的儿子曾专门为营救事回阿富汗做有关方面的工作。

在营救的全过程中，阿富汗政府积极予以配合，阿驻巴大使馆派外交官三次去坎大哈省，同绑架方进行了4次谈判。

巴基斯坦各界人士关心

几天来，巴基斯坦报纸就中国工程技术人员被绑架事用"令人震惊"、"不能容忍"的大标题作了大量报道，表达了对营救中国朋友的关心。巴各大报强调山达克铜金矿项目对巴经济发展的重要性，要求政府加强对中国专家的安全保护措施。

21日，巴反对党领袖、前总理贝·布托发表声明，对中国员工被绑架表示严重关切，要求政府立即采取行动营救。25日，贝·布托还派巴人民党中央执行委员会见中国驻卡拉奇总领事张真瑞，转达关心和问候。

在各种外交场合，巴各界朋友纷纷向我和邓俊秉教授以及大使馆外交官表示关切。巴朝野上下的努力在营救工作中发挥了重大而积极的作用。

平安归来

10月30日晚7点30分，巴三军情报局局长贾维德·纳西尔打电话向我报喜。他说，6名中国工程技术人员已安全返回巴领土。接着，巴电视台晚间新闻播发了中国工程技术人员获释的消息。

晚10时，夏利亚尔外秘给我打电话。他说，中国6名员工已回到巴基斯坦的古力斯坦镇，他们平安无事，身体健康，将在体检后去奎达。我表示很高兴听到这一特大喜讯，衷心感谢谢里夫总理的亲自关心，感谢巴政府、外交部和内政部、军方以及俾路支斯坦省的大力营救。

中国大使馆立即将这一喜讯报告国内，并请转告6位同志的家人，同时通报卡拉奇总领馆和山达克项目驻奎达办事处。31日，俾路支斯坦省省督和巴内政部秘书会见经过体检后身体状况良好的6名中国工程技术人员。当晚，省首席部长设家宴为6人压惊洗尘。

11月1日，大使馆经济商务参赞陈子斌飞抵奎达，代表中国政府、中国大使和大使馆看望平安归来的6位同志，对他们表示亲切的慰问。在座谈会上，6位饱受惊吓的同志对党和政府以及中国大使馆和总领事馆的通力营救表达了衷心感谢之情。他们纷纷表示，今后一定加倍努力工作，以不辜负祖国亲人的关心和期望。

专家归来话历险

6位遇险同胞在休息之后，向使馆、总领馆和中冶公司办事处领导介绍了历险的前前后后：

10月19日下午，在俾路支斯坦省的帕达克荒郊野外无人之处，当我们乘坐的吉普车被突然赶超，武装人员用枪逼迫我们改换车辆时，我们意识到被绑架了。在汽车上，大家镇静下来，思考应对之策。我们在枪口下虽然不能说话，但可以用眼神交流。我们决定把随身携带的纸张撕成小片，每隔一段时间就向车后抛弃一些，以便巴方营救人员可以循迹追踪。这一招在以后的搜寻中真起了作用。

进入阿富汗境内后，武装分子每天都改换宿营地。我们采取低姿态，不对抗，不暴露身份。对武装分子提出的要求，表现出合作的态度，尽量避免不必要的伤害。过了一段时间，双方相处已熟，可以用英文简单交流。对方的头目会讲英语。他表示，他们知道中国，中国好，是阿富汗的朋友。他们是不得已而为之。此前，他们曾给巴政府写信，要求释放被关押的亲属。遭到拒绝后，他们又给山达克项目的业主写匿名信，扬言要绑架人质，希望借此向巴政府施加压力，交换被关押的亲属。他们事先进行了充分准备，选好了下手地点和行车路线。

在被看管的11天中，武装分子对我们基本上以礼相待，未加虐待，也不蒙面，可以自由交谈。他们尊重妇女，就宿时男女分开。得知张玉华患感冒后，还想法弄了一些药。在沙漠地带的凹处，我们能自由活动，对方不放岗哨。过了两天，小头目开始同我们称兄道弟，他问我们男同志会不会打枪。尽管我们中有人当过兵，却假称不会，端起枪来不知如何瞄准。小头目一见哈哈大笑，主动教我们使用方法。平时吃饭虽然简单，但有馕（烤的面饼）、有菜。有时还杀鸡宰羊，买水果，改善生活。十来天中我们虽然受了些惊吓，风餐露宿，但未受大苦。巴基斯坦、阿富汗政府大力相救和绑架者对我们的态度，让我们深深感到祖国的强大和巴阿人民对中国的友好。这是一次我们永生难忘的奇特历险经历。

向巴基斯坦和阿富汗政府致谢

10月31日晚，我和夫人邓俊秉宴请陪同谢里夫总理访华归来的巴外交国务部长坎久，请他转达对谢里夫总理、巴外交部和内政部，以及有关地方当局和部门为营救中国公司员工所做的艰巨努力的衷心谢意。

11月3日，我往见巴外秘夏利亚尔，按中国外交部指示，代表中国政府对巴基斯坦政府在短期内使6名中国公司员工全部安全获释表示衷心感谢，特别感谢谢里夫总理的亲自关心，感谢巴外交部等各有关部门和朋友富有成果的努力。外秘说，这是巴方应该做的事情，不值得一谢，巴方从一开始就制定了确保中国员工不受任何伤害的对策。

与此同时，中国驻阿富汗大使馆临时代办张敏往见阿副外长卡尔扎伊，对阿富汗政府、盖拉尼外长和卡尔扎伊本人，以及其他相助的友人表示衷心感谢。

周刚

（中国前驻马来西亚、巴基斯坦、印度尼西亚、印度大使，

中巴友好协会常务理事）

我和巴基斯坦的故事

　　我自 1970 年 8 月进入北京大学学习乌尔都语开始，与巴基斯坦交往至今已有 40 多年。期间，在巴基斯坦工作五次，共计 23 年，先后经历了佐勒菲卡尔·阿里·布托总统、齐亚·哈克将军（总统）、居内久总理、吴拉姆·伊沙克·汗总统、贝·布托总理、谢里夫总理、穆沙拉夫将军（总统）时期。我几乎走遍了巴基斯坦这片充满活力和希望的美丽大地。我的一生与巴基斯坦人民结下了深深的不了情谊，亲身感受到巴基斯坦人民对中国人民的兄弟深情，亲身经历了中巴两国全方位战略伙伴关系的持续提升，并亲眼见证了中巴两国政府和人民友好交往的重大历史事实。我为自己能成为中巴特殊友好关系的参与者并作出应有贡献而深感自豪。

在世界屋脊筑建喀喇昆仑公路

　　1974 年 2 月至 1979 年 10 月，我有幸在巴基斯坦北部山区参加修建喀喇昆仑公路（亦称"中巴友谊公路"）。前两年，我担任由中国科学院冰川、冻土、沙漠研究所专家组成的巴托拉冰川科学考察组的翻译工作，与中国科学家、登山队员、工作人员和巴方联络官、当地居民搬运工一起爬冰川、登雪山，设点测量，搞地面立体摄影，对取得数据进行计算，最后提出考察报告，对路害作出评估，为公路和桥梁选线建造提供科学数据。

　　巴托拉冰川是世界第五大冰川，高寒缺氧，气候条件非常恶劣，天气变化无常，一会儿晴，一会儿阴，一会儿大雪；雪崩、滚石、塌方、泥石流随时可能发生，夏天冰川消融时还会发生冰洞、冰裂。冰川考察工作十分艰苦，我们爬冰卧雪，在海拔4000—6000米的冰川及山顶上作业。我们身穿登山服，手拿冰镐，脚穿防滑钉鞋，背着特制的登山帐篷、各种仪器、高压锅、煤油炉；吃压缩干粮，喝冰雪融水；白天在野外工作，晚上睡在冰川上。我们还走访冰川附近村庄的居民，向年纪最长的老人询问了解冰川历年变化和夏天洪水情况；手把手教巴工程兵技术官员和联络官使用测量测绘仪器和计算方法，一起讨论考察报告。

当年我们完成的巴托拉冰川考察报告，于1982年荣获国家自然科学三等奖。两年多冰川考察的种种艰难险阻磨炼了我们的坚强意志，也铸造了我们做好中巴友谊铺路石的顽强韧性。

后面的三年多时间，我在中国筑路指挥部和技术大队任翻

走访冰川附近村民。

译。其中在技术大队第一分队修建从杜白瓦到塔科特大桥桥头路段期间，我负责与 4 个巴方士兵营打交道，天天在工地与巴军官联络。我们与巴工程兵朋友和当地劳工一起，手把手、肩并肩，不怕冬季严寒和夏季酷热，一起打眼放炮，开山辟路。一旦发生塌方、翻车、泥石流等事故，两国员工不分彼此，纷纷冒着生命危险奋力抢救伤员，背的背，抬的抬，救死扶伤；搬运遗体，挥泪安葬。中巴员工为修建"友谊路"一起流汗，一起流血。1000 多名中巴员工献出了宝贵生命，其中中方员工数百名。有 88 名中方员工长眠在 1978 年建成的位于巴北部重镇吉尔吉特的烈士陵园中。

为中国烈士陵园树纪念碑

1979 年 10 月，当喀喇昆仑公路完全竣工移交给巴方后，我从中国筑路指挥部直接去驻巴基斯坦大使馆工作。临走前一天，筑路指挥部王政委把我叫到办公室，语重心长地嘱托：

"小张，你就要去大使馆工作，我们也要暂时分别了。我们这些老家伙以后很难有机会再来巴基斯坦。希望你在大使馆工作期间，多抽空来看看长眠在烈士陵园中的战友们……也多关心一下自愿为战友守墓的巴方村民朋友。"如今，我可以自豪地向各位老首长、老战友汇报：我做到了！

我仍记得，第一位被安葬在烈士陵园的是李福献战友。他曾是解放军某部运输团的汽车司机，修筑公路时开"黄河"牌大型运输车。1975年5月的一天，他从新疆吐鲁番火车站开车拉推土机到施工地，行进到巴北部罕萨镇南边的尼尔特村时，公路路基突然坍塌。正在该路段修路的中国同志喊叫："快跳车！快跳车！路基要塌了！"但他为了保护汽车和推土机，没有弃车逃命，而是加大油门想冲过去。结果连车带人一起掉下悬崖，壮烈牺牲。他的精神感动并鼓舞了筑路的战友们。当时，根据国内指示，遗体不能被运回祖国，他成了第一位被就地安葬的牺牲人员。战友们当时都想不通，情绪激动，还曾打算把他强行运回喀什安葬。

我仍记着，长眠在烈士陵园中职务级别最高的是武治业教导员，河南许昌人，1958年的老兵。他当时任技术大队第四分队教导员。在巴丹镇附近的金加尔村北边路段，一次较大规模爆破后，根据安全施工条例规定，几个小时内是不允许任何人从此爆破面路段通过的，因为山上还会不时有松动的石头滚下，很危险。偏偏有几位急着赶路的巴村民大概因等待时间太长，着急上火了，不顾中国员工阻拦，硬要强行冲过有30多米长的危险地段。武教导员大声呼叫，并亲自上前阻拦这几位村民："赫得儿那克！""赫得儿那克！"（乌尔都语：危险）正当他阻拦村民时，山上滚石落下，一块大石砸到他的头上。同志们哭叫着："武教导员！您醒醒！"村民朋友们痛心地拍

着胸脯，围在他身边呼叫着："秦尼导斯特！秦尼导斯特！"（乌尔都语：中国朋友）可他再也不会回应。武教导员是为了保护老巴朋友而光荣牺牲的。我和技术大队的战友们一起抬着他的遗体到烈士陵园，向他作最后的告别。

张春祥大使与中巴各界代表出席烈士陵园纪念碑揭幕仪式后留影。

　　88 位战友，各有着不同的经历和事迹，但他们都是为了中巴友谊而献身的。

　　记得从 1980 年起，中国驻巴基斯坦大使馆和驻卡拉奇总领事馆每年轮流派人在清明节时专程到烈士陵园扫墓，一直延续至今。我自己还利用到北部地区出差的机会多次看望过战友们。1985 年中巴友谊公路对第三国居民开放以来，中国烈士陵园成为当地最吸引人、最感人的一块圣地，来此的中国同胞、巴方朋友、别国旅行者大多都会朝拜他们。

由于烈士陵园墓碑上写的是中文，没有任何外文，出于对死去战友的崇敬，更是为了让后人，包括中国人、巴方朋友和其他外国人铭记烈士的英名，学习烈士的奉献精神，中国驻巴大使馆决定使用大使基金在烈士陵园大门口左侧树立一块"巴基斯坦中国烈士陵园纪念碑"。碑文使用中文、乌尔都文和英文三种文字。大使馆委托新疆维吾尔自治区政府外事办公室具体办理。经过近一年的准备，碑身高 1.2 米、长 3 米，碑座高30 厘米，用一整块新疆鄯善红花岗岩制成的纪念碑运抵烈士陵园。

2005 年 10 月 3 日，纪念碑落成。我邀请巴联邦政府旅游部长贾马尔、巴边境工程组织（FWO）局长阿里少将、北部地区议长和首席秘书及当地驻军官员出席纪念碑揭幕仪式。

青春热血筑丰碑，云间天路励后人；喀喇昆仑作证，烈士丰碑铭记。战友们，你们英灵永驻天宇，奇功长留人间！

执着勤劳的当地村民，不要报酬、自愿守护陵园数十年，实在感人。烈士陵园内花草树木茁壮，管理井井有条。为感谢他们，我用大使基金邀请他们到乌鲁木齐、北京、上海参观访问，也了了老战友们的心愿。

及时妥善处理突发事件

我任驻巴基斯坦大使近五年间，给我印象最深刻的是及时妥善处理涉及中国公民安全的几大突发事件，这是以前中国驻巴大使馆从未遇到过的。我利用自己与巴总统、总理及军方高层的特殊人脉关系，及时妥善处理突发事件，在关键时刻能"找得到人，说得上话，办得成事"，以实际行动践行"执政为民、外交为民"的宗旨。

瓜达尔港袭击事件

2004 年 5 月 3 日清晨 8 点 35 分，一辆载有 12 名中国工程师、1 名巴方司机和巴方警卫人员的奔驰面包车在前往港口项目工地途经瓜达尔港西海湾时，一辆停放在路边的轻型客货两用皮卡车突然发生爆炸，造成中国工程师 3 死 9 伤，其中 3 人重伤。他们来自中国交通部第一航务工程考察设计院。

那天清晨，我和夫人高书萍正在大使馆院里散步，8 点 45 分接到项目负责人孙子宇总经理从瓜达尔港打来的电话。他简单汇报了遇袭事件的情况，请求大使馆协助实施紧急救援。听到这一不幸消息，我的第一反应是："刻不容缓，时间就是生命，采取一切必要手段，救人！"事发当日，正值国内"五一"假日期间，又恰逢伊斯兰教先知穆罕默德诞辰纪念日，部分馆员正在休假，巴基斯坦全国也在放假。我让夫人速去联系秘书赵立坚见我，起草电报向国内报告，并当即用手机打电话给穆沙拉夫总统办公厅主任哈米德中将，请他向总统报告瓜达尔港发生的袭击事件，要求巴方立即采取一切措施抢救中方伤员。我又立即分别给巴海军参谋长和空军参谋长打电话，请求他们立即派飞机去瓜达尔港接送伤员。两位参谋长表示，当天海军和空军在瓜达尔港附近均无飞机，答应立即安排军用运输机飞往瓜达尔港接运伤员，飞机从卡拉奇飞到瓜达尔港要 2 小时，请中方做好必要准备。

9 点 10 分，我正准备给巴民航局主席打电话求救，刚好他给我打来电话说，巴民航一架班机正在瓜达尔机场跑道上准备起飞，他已向机长下令航班暂停飞行，让旅客下机，因飞机较小，还要把前边几排座位卸下，以便能摆放运送中国伤员的担架。巴民航局主席强调说，他已得到穆沙拉夫总统的指令："抢救中国伤员为第一要务。"我把这一消息告诉孙子宇总经

2003 年 10 月，张春祥大使和王毅副外长在巴阿边界托克汉姆口岸留影。

理，请他们把伤员急速送往机场，到卡拉奇救治。

　　紧接着，我又打通卡拉奇市最好的医院——阿迦汗医院院长阿巴斯博士的电话，请求该院救治中国伤员。阿巴斯博士表示，"一定用最先进的医疗设备，指定最有经验的、医术最精湛的医生抢救中国兄弟。医院派救护车和医生去机场接中国兄弟。"当天下午，伤员便住进该院救治。阿巴斯院长打电话告诉我："再晚两个小时，3 个重伤员就没救了。"

　　事发当天，正在外地考察的胡锦涛主席和正在国外访问的温家宝总理立即作出指示：采取一切措施，尽最大努力抢救伤员、妥善处理遇害人员的善后事宜，研究采取措施保证我在巴人员的人身安全。

　　巴方高层和各级政府对这一不幸事件十分重视。当日，巴总统、总理分别给胡锦涛主席、温家宝总理发电表示慰问；巴总统和总理分别发表声明，对袭击事件予以强烈谴责，对遇害者家属深表同情，并下令尽快查明真相，严惩凶手。他们还责成有关部长、省长、警方领导人立即赶赴现场，处理善后，督促破案，落实加强对在巴中国人员的安保措施。

5日下午，我从伊斯兰堡赶赴卡拉奇市，和孙春业总领事一起直奔阿迦汗医院看望受伤的9名中国工程师和2名巴方伤员。中国伤员都住单独病房。在阿巴斯院长陪同下，我向伤员转述了胡主席和温总理的亲切慰问，转达祖国人民对他们伤情和恢复情况的关心，希望他们积极配合治疗，争取早日康复。正在呼吸机上救治的三位重伤员，不能说话也不能点头，但能听到我说话的声音，感激的泪水不断溢出眼眶。我还看望了受伤的巴籍司机和安保人员。

看望伤员后，我又查看了遇害工程师的遗体，要求院方做好防腐处理，保存好遗体。离开医院前，阿巴斯院长交给我一封信，信中对中国朋友遭遇不幸深表痛心和同情，并表示：中国伤员在阿迦汗医院进行抢救治疗的一切费用都由院方承担。我对该院对中国伤员的积极救治表示感谢，并强调说："中巴传统友谊不会因此事件受到影响，两国政府和人民将继续并肩合作，确保瓜达尔港建设工程如期完工。"

为救治受伤人员，中国卫生部选派了北京协和医院外科和骨科专家及护理人员共4人组成的医疗专家组，于6日下午飞抵卡拉奇，与巴医护人员一起对伤员进行治疗。

5月4日，唐家璇国务委员批示：两馆同志工作积极主动，反应迅速，交涉得力，措施得当，值得充分肯定。希望认真落实胡主席、温总理重要批示，本着以人为本、执政为民的精神，全力以赴，再接再厉，进一步采取措施，做好各项后续工作。交通部张春贤部长来电表示：在你馆有力领导和组织下，伤亡人员得到了及时救治和安置。特向张春祥大使和你馆全体工作人员表示感谢。

高玛瓒工地人质事件

2004 年 10 月 9 日早晨 7 点 50 分左右，在巴西北边境省南瓦济里斯坦部落地区建设高玛瓒水利工程的中国水利水电建设集团两名工程师王恩德和王鹏及一名巴方警察在前往工地上班途中被五名持枪歹徒绑架，绑匪劫持三名人质后迅速向巴边境部落地区逃窜。

我当时正陪同新疆维吾尔自治区政府代表团访问拉合尔。得知这一不幸消息，我意识到这是一场事关同胞生死的较量。我当即打电话给总统办公厅主任哈米德中将进行交涉，表达了中方对绑架事件的严重关切，要求巴方采取一切措施营救并确保两名中国工程师安全获释。哈米德中将说，总统已得知中国工程师被绑架的消息，对发生绑架事件深表歉意，巴政府和军方将尽一切努力解救人质。

胡锦涛主席、温家宝总理、唐家璇国务委员作出批示，要求大使馆立即与巴方交涉，确保人质安全并尽快将他们营救出来，同时立即加强所有在巴中方机构和人员的安全。李肇星外长给巴外长卡苏里打电话，要求巴方全力以赴采取一切必要措施，设法营救中方人员，确保他们生命安全。我给工地项目负责人打电话，转达了党和国家领导人的亲切慰问，并要求项目负责人务必保持镇静，稳定员工及家属的思想情绪，将所有中方人员集中起来，确保安全。

穆沙拉夫总统和阿齐兹总理分别给我打来电话，表示安全解救中国人员已成为当前巴政府的首要工作。巴外秘来大使馆向我表示："我们把中国朋友的生命看得比自己的生命还重要。"

营救人质期间，我直接与哈米德中将及巴三军情报局局长、陆军作战局局长联系，每天数次通过电话了解最新情况，武官和各位参赞与巴军方和外交部、内政部、水电部主管官员保持24小时热线联系。

事发当天，巴军方立即出动6架直升机、30多名安全部队突击队员和警察赶赴出事地区解救人质。傍晚，将绑匪包围在距坛克镇以西大约50公里、距巴阿边界70公里的一个部落地区。随后，巴官方代表通过中间人与绑匪就释放人质进行了多轮谈判，并及时向中方通报谈判最新进展。

为安全营救人质，大使馆考虑派官员前往工地现场实施"靠前指挥"。由于当地属部落地区，又是巴军剿恐的主战场，巴方以安全为由不予批准。我要求巴外秘与军方协调安排直升机运送我大使馆人员到工地慰问中方员工，巴方也以部落地区安全形势复杂及处理人质事件十分敏感为由婉言谢绝。经我一再要求，11日中午，巴方才同意我馆派人到白沙瓦市协调人质事件的处理工作。我馆立即派政务参赞和武官等奔赴白沙瓦，会见负责营救工作的省督和巴陆军11军军长，了解第一手情况。后经证实，阿富汗塔利班成员马哈苏德是绑架人质事件的主谋，此人曾被囚于美军驻古巴关塔那摩军事基地，2004年3月结束长达两年的囚禁生活，返回巴南瓦济里斯坦部落区，并组建了一支和"基地"组织有联系的地方武装。狡猾的马哈苏德并没有亲自出面，而是藏身于南瓦部落区附近的一个秘密地点，通过电话进行遥控操纵，向绑匪下达指令。他最初要求巴政府释放两名和"基地"组织有关的被捕武装成员，后来又要求巴政府允许绑匪携带人质与他们会合，一起撤离巴部落区去阿富汗，还要求巴军方停止在南瓦部落区的军事行动。

14日早晨，从现场传来的消息说，绑匪在人质身上拴上了手雷和火箭弹，情况十分危急。12点40分，巴三军情报局一位将军给我打电话说：在采取的解救人质措施均告失败的情况下，巴军方迫不得已于 12 时采取了解救人质的军事行动。巴特种部队士兵伪装成当地部族成员冲进绑匪和人质所在房屋，击毙了 5 名绑匪，一名特种部队士兵受重伤，年纪大的一位中国朋友（王恩德）获救，年轻的一位（王鹏）因伤势过重遇难，整个解救过程 15 分钟。下午巴方将分别用直升机把获救人员和遇难者遗体运回伊斯兰堡和拉瓦尔品第三军联合医院。面对这样的结果，当时我和在场同志的心情十分复杂：强攻迫不得已，结果不尽如人意，尽管大家都尽了自己的最大努力。6 天 5 夜长达 124 小时的营救，大使馆就像战时指挥部，各部门通力合作，在不分昼夜的揪心和忙碌中度过了整整 5 个不眠之夜。

我当即向外交部领导报告，并立即召开馆务会，部署有关善后事宜。

下午 3 点 15 分，巴外长卡苏里、内政部长谢尔宝分别来大使馆，代表巴政府对中国一名工程师不幸遇难表示沉痛哀悼。

卡苏里外长给李肇星外长打电话称，巴政府是在所有其他营救努力均告失败、绑匪随时可能杀害人质的情况下采取军事行动的，巴政府和人民为一位中国朋友遇难深感悲痛。李外长表示，中国领导人和中国人民对中国工程师不幸遇难深感悲痛，中国政府强烈谴责这一绑架中国公民的恐怖主义行径，希望巴方进一步采取有效措施，确保所有在巴中国公民的安全。

下午 5 时，我们接到王恩德同志后，又去拉瓦尔品第三军联合医院查看了王鹏同志的遗体。望着这位曾跟绑匪斗智斗勇的年轻人稚嫩的脸庞，回想起这几天来他亲手所写并传出的七张纸条，我和在场的同志向王鹏的遗体深深地鞠躬，向他祈祝冥福。我告诉医院院长，一定要保存好遗体，做好防腐和美容。当晚，穆沙拉夫总统给我打电话，表达了他本人对王鹏遇难的

2004 年 10 月 16 日晚，在巴基斯坦人质绑架事件中遇难的中国工程师王鹏的遗体由巴基斯坦空军运输机运抵济南国际机场。巴基斯坦内政部和国务部的官员专程护送灵柩同机抵达。(供图: 中新社)

沉痛哀悼，决定 16 日派空军专机送遗体回国，由巴外交国务部长护送。

情系巴灾民，患难见真情

2005 年 10 月 8 日早晨 8 点 50 分，巴基斯坦发生里氏 7.8 级强烈地震，震中位于首都伊斯兰堡东北部 95 公里。此次地震是巴建国以来发生的强度最大的地震，使包括伊斯兰堡在内的整个巴中部、北部地区遭到不同程度破坏，造成近 8 万人员伤亡。地震还波及印控克什米尔地区和阿富汗。

地震发生时，我们馆员均在上班，我本人正在办公室阅读当地报纸。突然整个办公室发生剧烈晃动，办公桌和椅子左右摇摆，我想起身也站不起来，想快步迈出办公室，脚却不听使唤。地下深处发出阵阵怪响，地面还上下抖动了几下。我当即意识到发生了强烈地震。"大地震啦！""快离开办公楼！""跑到楼下去！"馆员呼叫着，相互挽着手，扶着楼梯、墙壁，跑到楼下大院空地。这时，伊斯兰堡上空拉响了警报声。强震发生后，了解在巴中国公民安全状况成为当务之急，我馆迅速启动应急机制：命令大使馆人员撤出办公楼，到使馆大院或汽车上办公，评估大使馆损失；要求文武经商领事部各处室了解在巴中国公民和华人华侨的安全情况。不久，得到在伊斯兰堡及附近城镇居住的中国公民和华人华侨无伤亡的消息，但却无法了解到在巴北部灾区从事工程建设的 11 个项目中 390 多名中国工程技术人员的情况。由于强震造成山体塌方、滑坡，道路交通和通讯中断，我发动馆员与巴有关部门进行不间断联络，多方打听中方人员下落。终于在 8 日深夜掌握了全部信息，确认中国水利水电集团在汗瓦、杜白瓦和阿莱瓦等水电站项目工地有 1 人遇难、1 人重伤、3 人轻伤。特别是阿莱瓦项目损失惨重，从工地到大本营道路中断，人员无法进出，情况十分危急。我立即敦促巴军方提供直升机，将中国被困人员转移到安全地区。我馆还积极配合香港出入境管理处，找到在巴旅游的 3 名香港同胞的下落。

时间就是生命，震后 48 小时是救援的黄金时间。强震发生后，我及时向国内报告了灾情，建议国内立即派国际救援队赴巴重灾区救援并对巴提供必要援助。中国政府迅速作出反应。8 日当晚，决定派中国国际救援队赴巴灾区救援，并向巴无偿提供紧急救灾物资。救援队由中国地震局副局长赵和平带队，搜索、营救、医护人员以及地震专家等共 49 人组成，随队携带 6 条搜救犬和 8 吨专业搜救设备以及 9 吨救灾物资。

9 日下午 3 点，我主动约见巴外秘了解巴方将派中国国际救援队去何地救援。巴方当时还未决定，我说中国救援队两个小时后就到了，并主动向巴外秘提出，要求派中国救援队去巴拉考特镇。因为综合各方面的信息，我认为巴拉考特是震中，是重灾区。而且，2004 年"五一"节假期，为考察喀喇昆仑公路改线路段，巴国家公路局军官曾带着我和馆员去巴拉考特一带参观，这一带路熟。巴外秘当即同意了中方的要求。

当时正值穆斯林斋月，巴方有关部门为应对强震忙得不可开交。为赢得宝贵时间，9日傍晚，我和大使馆主要外交官一起提前到达恰克拉军用机场做好中国救援队员和设备器材、物资的入境和通关手续。当国航波音747包机降落停稳后，我现场指挥协调，将设备器材卸机并装运到所租用卡车上。为保证救援队当晚迅速从机场直奔重灾区，大使馆还为救援队做好饭菜送到机场。我馆还专门为救援队派了4名青年外交官协助工作。

巴朋友用五个"第一"称赞中国：中国领导人第一个向巴基斯坦政府发来了慰问电；中国是第一个宣布向巴基斯坦提供现汇和物资援助的国家；中国是第一个派出国际救援队的国家；中国国际救援队是第一个到达重灾区展开救援工作的国际救援队；中国援助的物资也是第一批运到巴基斯坦灾区。

12日，不顾余震和道路随时可能塌方的危险，我和馆员代表乘车前往巴拉考特视察和慰问中国救援队，原本4小时的路程走了8小时才到达，但我也成为第一个前往重灾区的外国大使。沿途灾民高呼："中国大使来了，中国朋友来了！"

中国国际救援队救出了3名幸存者，先后对2000多名当地伤员进行了救治，还为震后灾区第一个新生儿接生。救援队不仅在重灾区巴拉考特进行了卓有成效的救援工作，还对巴方灾后重建工作提出有益的建议，受到巴政府和人民的高度评价。

中国政府分三次向巴基斯坦提供了2673万美元的无偿援助，包括物资、现汇等，提供的物资总重量达1911吨，分24架次包机运往巴基斯坦灾区。中国援助的紧急物资包括：棉帐篷3124顶、单帐篷1550顶、棉被24000床、棉褥24000条、

张春祥大使看望中国国际救援队。

毛毯 9200 条、床单 24000 条、发电机 900 台。

做客开伯尔·阿夫里迪部落，体验普什图族人特殊待客之道

一谈起普什图人，人们大都用"纯朴善良、待人坦诚、热情好客、勤劳勇敢、尚武强悍"来形容。在巴基斯坦民间，人们常用"像普什图人一样好客"来赞美主人对客人的热情款待。

居住在巴阿边境部落区和西北部山区的普什图族男人，几乎人人肩扛一杆长枪，有的人腰间还挎着一把手枪，一长一短，显得很威武，这正是男人们所崇尚的。不了解当地民俗的人第一次见到这身行伍打扮，还真有点胆战心惊。据说，当地女人也大多佩带一把小左轮手枪用于自卫。

由于工作需要，我常常应邀去普什图人朋友家里做客。给我印象最深的一次是应阿夫里迪参议员多次邀请，2004 年 5 月去阿夫里迪部落做客。阿夫里迪家族多年来与中国做生意，还与中资企业合资办厂，生意做得很大，在当地声望很高。阿夫里迪参议员和他侄子亲自到大使馆接我们，给我们带路。他的部落在开伯尔山口附近，是敏感地区。出于安全考虑，伊斯兰堡警察护送我们到白沙瓦市。进入白沙瓦市区后，安全工作由巴边防军士兵负责。在市中心的边防军司令部稍事休息后，我们乘车直奔开伯尔山口方向，在弯弯曲曲的山间公路上爬行了50多分钟才到达阿夫里迪部落。所谓部落，其实就是一大片村落。

参议员组织他的部落成员热烈欢迎，给我们胸前挂满花环，还撒了许多鲜花瓣。从外观看，参议员家是深宅大院，院墙又高又厚，用泥巴垒成，在大门外根本看不见院内的房屋，一点也不显眼。进入大门却让人眼前一亮：院落宽大，树木花草茂密，房屋错落有致，分前院后院。前院是会客厅、办公室、停车场等；后院是家眷住宅、厨房等。会客厅富丽堂皇、装修讲究。主人自豪地说，这些装修材料全是从中国进口的。会客厅大桌子上已摆满各种干果、甜点、新鲜水果等供客人享用。喝完当地特色奶茶"都特·波蒂"（鲜奶煮茶）后，主人邀请我们进行户外活动。在会客厅门外，主人拍拍两只头上

张春祥大使做客开伯尔·阿夫里迪部落。

涂有红颜色的又肥又大的绵羊说："这是给阁下的礼物，阁下拍拍它的头，表示认领了。"然后，我们又上车往村庄后边的山沟里开，在盘山道上走了大约十多分钟后停下，我们在半山腰下车，又步行了30米，主人说："阿夫里迪部族用最最高贵和传统的仪式欢迎中国兄弟。"主人从车上拿下两把步枪和两把手枪，用手指指向对面山崖上用白色画的圆点说："瞄准圆点，用卧姿、跪姿、站姿三种不同姿势射击。"对于射击，我本人很感兴趣，当年在部队时还获得过"特等射手"称号。我目测了一下到对面山崖上圆点的距离，大概有300多米远，我设定好枪上标尺，试了几个动作和姿势，说："准备好了。"主人把弹夹递给我说："都是洩光弹，我们会看到弹着点的。"我说："一个弹夹30发子弹，每种姿势各射击10发吧，是单发、点射还是连发？"主人说："你随便，子弹有的是。"我当时别提有多高兴了，在心里告诫自己，一弹夹子弹足够了。三种射姿我都尝试了一把，主人和部落的男人们都拍手叫好，称赞中靶率高。主人高兴地说："大使阁下，你的枪法很准的啊！这一长一短两把枪是我们部落送给你的最珍贵的礼物。"我说："多谢，我收下了。但还得麻烦你们替我保管着，下次我再来还要用它射击。"

　　野外射击结束后，主人在家族大院内为我们安排了非常丰盛的普什图家宴。那两只头上涂了红色的羊已被做成了地道的普什图美味大餐。这就是我所经历的普什图族人特别的待客之道。

张春祥

（中国前驻巴基斯坦、匈牙利大使，中巴友好协会常务理事）

喀喇昆仑公路建设者访谈录

喀喇昆仑公路，起自中国新疆的喀什，经红其拉甫达坂，至巴基斯坦的塔科特，全长 1032 公里，是连接中巴两国的一条交通大动脉。

这条公路的国内段，由中国自行建设。公路的巴基斯坦境内段，原由巴方建设，后因诸多原因进展缓慢，遂改由中方援建。中国援建工程分为三期，从 1968 年 6 月至 1979 年 11 月，历时 11 年多。中方先后投入 22000 余人，投入筑路机械设备和汽车最多时达 2000 台件。公路建设过程中，中方施工人员死亡 168 人，受伤致残 201 人，一般受伤的就更多了。巴基斯坦方面先后参加筑路的人员亦在 2 万以上，也付出了很大的牺牲。

喀喇昆仑公路越过号称"世界屋脊"的帕米尔高原，穿行于喀喇昆仑山脉和喜马拉雅山脉的崇山峻岭之中，工程浩大，施工任务异常艰巨。此外，筑路人员还要面临高山缺氧、气候恶劣、后勤供应困难、地质条件复杂、地震、雪崩、岩崩、塌方、滑坡、泥石流等种种困难和危险。但是，中巴两国的筑路人员百折不挠，顽强拼搏，克服无数艰难险阻，硬是在高山深谷和冰峰达坂间建起了一条现代化的双车道沥青路面公路。因此，喀喇昆仑公路被誉为"世界第八大奇迹"。

喀喇昆仑公路的建设是值得大书特书的。笔者有幸多次在喀喇昆仑公路旅行，深受公路之惠，因而很希望多了解一些当年建设公路的情况。由于一些偶然的机会，笔者得以采访了一些当年公路的建设者。现将对其中三位建设者的采访记录略加整理，贡献于读者之前，并借此向喀喇昆仑公路的建设者们表示崇高的敬意。

孟冬民

1921 年 11 月 5 日生，河南睢县人，喀喇昆仑公路筑路指挥部总指挥，离休前为基建工程兵交通部办公室副主任。

2003 年，笔者打听到曾任喀喇昆仑公路筑路指挥部总指挥的孟冬民先生就住在北京，便前往采访。孟老当时已 82 岁了，但身体健旺。他很高兴地介绍了当年的情况。

孟老说，他是 50 岁那年参加喀喇昆仑公路建设工作的。孟老是正师级干部，当时正在新疆生产建设兵团化工厂任政委。1970 年 1 月，他接到去筑路指挥部工作的命令，便出发去了工地。当时，筑路指挥部设在底河（Dih），离红其拉甫山口有 50 多公里。

孟老是接替第一任总指挥李道伟去筑路指挥部工作的。按照中巴《关于修筑喀喇昆仑公路的协定》，公路以红其拉甫达坂为界，中巴两国各自修建本国境内的路段。为了加快工程进度，巴政府与中方换文协商，于 1966 年 7 月用飞机运送 1500 人到新疆和田，再由中方派车转送至红其拉甫达坂巴方境内施工。他们所用的机械、帐篷、食品等 123 项物资全部由中方提供。中方还在卡拉其古设立了医院，为巴方施工人员提供医疗服务。但是，由于工程任务艰巨、交通不便、技术落后等多种原因，工程进展非常缓慢，两年间仅完成了 25 公里路基，未铺路面，也未架桥梁，剩下的工程量还很大。巴筑路人员已竭尽全力，但确实难以为继。于是，巴方请求中国政府帮助修建。1968 年 5 月 6 日，两国政府换文确认，由中国派筑路人员修筑自红其拉甫达坂至帕苏间 120 公里公路，以免去巴方过境筑路的困难。6 月 20 日，喀喇昆仑公路筑路指挥部成立。7 月，中国第一批援巴人员 8000 人出国进入工地。

1974 年 11 月 26 日，巴总理佐·阿·布托亲赴工地看望中国筑路工程技术人员。图为布托总理在巴最北部的底河地段接见中方领导。
（供图：张春祥）

第一期工程应巴方要求两次延长，一直修到哈利格希，总长156.7 公里。

孟老说，他先后参加了两期工程。第一期工程将公路从红其拉甫山口修建至哈利格希。工程于 1971 年 1 月完成，2 月就交工了。中巴双方在哈利格希的友谊桥举行了交接仪式。接着，由于巴方提出要我们继续援建哈利格希至塔科特的公路，中方又进行了第二期工程。1973 年做准备工作，1974 年 6 月筑路人员进入工地。这段公路长 459.3 公里，一直干到 1978 年 6 月。

孟老说，这两期工程，他都担任筑路指挥部总指挥，从组建队伍到工程结束，在巴基斯坦一共工作了 6 年多，也住了 6 年多的帐篷，在高山峡谷中过了 6 年多的野外生活。

谈到当年的困难，孟老说，最大的困难在于喀喇昆仑公路是一条高山公路，地质条件和气候环境都十分恶劣。比如在红其拉甫，海拔 4300 多米，5000 米就是雪线了，那里气温低，空气稀薄。到了塔克泰，降到4008米，气温变化很大。另外，喀喇昆仑山的山体破碎严重，冰川众多，公路上灾害频繁，雪崩、泥石流、滚石、塌方等样样都有，施工难度很大。不少员工在施工中牺牲了，还有许多人伤残。

提到生活方面的困难，孟老说，在第一期工程施工时，所有的筑路物资和生活用品，甚至连火柴都是从新疆运过去的，施工人员实际上只吃了当地的水。虽说第一期工程离新疆近，运输似乎比较方便，但实际上运输线很长，从喀什到边境有500多公里，从乌鲁木齐到边境有1500—1600公里，许多物资还要从内地运来，就更远了。孟老说，汽车运输要一星期至10天才能到达工地。最大的问题是施工人员吃不上蔬菜，只能靠咸菜、干菜、脱水菜度日。到了第二期工程，路越修越远，困难就更大了，工程所需的物资材料和食品经常不能及时运到。当时还开辟了第二条运输路线，即海运，从国内将面粉、大米等用船运到卡拉奇，再由巴方运到工地。结果，米面在运输途中发生霉变，筑路人员不得不吃霉变的米面。孟老说，头一两年是最困难的，由于长期吃不到新鲜蔬菜，缺乏维生素，员工的健康受到影响，有些员工头发脱落、指甲凹陷。为了解决这些困难，最后一年，开始从巴基斯坦采购大米和面粉，并请巴方提供一些土地，我们自己种蔬菜，这样总算好了一些。

说到施工人员的待遇，孟老说，当年修建喀喇昆仑公路，完全是无偿援助，出国施工人员都是尽自己的国际主义义务。他们的工资都是按国内原有的标准发放，在国外是供给制，住的是帐篷，冬天很冷，夏天酷热，好处是空气新鲜。在第一期工程时，每人每月发5元零用费。到第二期，零用费增加到每人每月40元，可以买点日用品。孟老说，他的零用费也是每月40元，连抽烟都不够，时不时还要让家里寄钱来。孟老说，虽然生活很艰苦，工作很危险，但当时人们的觉悟都很高，大家对待遇没有计较，甘愿奉献。

孟老最后说，他在巴基斯坦工作的 6 年多时间里，深深感受到中巴友谊深深地扎根于人民心中。同巴方官员接触时，他们都说中国在巴基斯坦最困难的时候支持了巴基斯坦，这是他们终生难忘的。孟老说，中方员工在巴施工期间有严格的纪律，必须尊重当地人民的风俗习惯，爱护当地的一草一木，不能侵犯当地群众的利益，所以，中方员工同当地人民相处得非常友好。孟老说，他离开喀喇昆仑公路的工地已经 25 年了，后来一直没有机会再去看看，非常怀念那段时光。令他高兴的是，中国施工队伍高标准、严要求，终于建设了一条合格的公路交给巴基斯坦。

苏珍

1938 年 12 月生，甘肃临洮人，著名冰川学家，1999 年退休。

苏珍先生是一位冰川学家，是中国科学院兰州寒区旱区环境与工程研究所（原兰州冰川冻土研究所）的研究员，上世纪 70 年代曾在罕萨地区对巴托拉冰川进行考察研究。笔者于 2002 年在兰州采访了他。

喀喇昆仑公路在罕萨河右岸要经过世界八大冰川之一的巴托拉冰川的末端，冰川的进退和冰融水道的变迁对公路有极大影响。1972 年夏季和 1973 年夏季的两次冰川洪水冲毁了两座桥梁和路基，筑路人员不得不多次修建便桥，以维持交通。

1974 年 4 月 11 日下午 6 时许，罕萨河左岸帕提巴尔沟（Baltbar Nala）突然爆发了大规模泥石流，冲出泥石量达 500 万立方米以上，冲走沟口一座钢筋混凝土桥，在罕萨河中形成了长150米、宽300—400米、高80—100米的泥石流坝，堵塞了罕萨河，并形成一个长10公里、最深处达42米的堰塞湖，淹没了已建好的一座183米长的大桥和数公里长的公路。泥石流还冲毁了大片农田、树林和草场。

除帕提巴尔沟外，罕萨河左岸巴托拉段还有4条泥石流沟，经常发生泥石流。1974年8月14日，又因降雨发生了泥石流，尤其是2号沟的泥石流，堵断了罕萨河，形成水库，淹没了横跨罕萨河的一座钢桥和150多米便道，致使交通中断3天。

接二连三的泥石流对正在建设中的喀喇昆仑公路造成了很大威胁，中国筑路人员认识到，要修复这段公路，必须将巴托拉冰川及其周边的情况搞清楚，正确地预测未来数十年巴托拉冰川的进退趋势等一系列问题，否则会造成更大的浪费，并影响将来公路的使用。

中国政府调兵遣将，派出了22人的考察组前往考察研究，包括中科院兰州冰川冻土研究所的科研人员和国家体委登山处的教练员。苏珍先生说，考察组要对冰川是否还会继续前进，会不会再次形成大洪水，洪水会有多大，公路通过的地段有没有埋藏冰，以及冰川运动状况，50年内会有什么样的变化等进行预报。为此，要对冰川进行测量、绘图，对冰川的厚度、温度变化、运动速度、物理性质，以及当地的气象、水文情况进行详细的勘测，工作量很大。

苏珍先生负责测量冰川厚度和冰川地貌，这种工作当时在国内也没有干过。所以，1974年，他先去云南、陕西等地学习重力测量冰川厚度的方法，然后进行仪器等方面的准备。1975年初，他乘车到达巴托拉冰川，并带去了一台当时最好的石英弹簧重力仪。

测量过程是非常艰苦的。苏珍先生主要负责观测，另外两位科考人员，张祥松记录，顾钟炜配合计算。他们一共布设了5个重力测厚断面、66个重力测点，最后圆满完成了任务。

苏珍先生说，测量仪器的调试是一项非常困难的工作。他带去的重力仪精度很高，每换一个地方，都要对仪器进行全面调试，达到合格精度后才能使用。有一次，他调试到第5天，仪器才达到了标准。为了保护仪器，在行进时，他经常自己背着仪器。

在冰川上测量，同平地上完全不同。有的测量点在非常陡峭的地方，测量人员爬不上去，便请登山队的人协助。碰到悬崖峭壁，登山队员先上去，再把测量人员拉上去。要选择安放仪器的地方，也由登山队员先上去观察一番，看行不行。苏珍先生说，有的测点在笔直笔直的陡崖上，有的测点在三四十米高的地方，下面就是冰川的石头，摔下去就会粉身碎骨。

冰川上不仅冰面凹凸不平，还有冰裂缝和冰面河，十分危险。有一次，张祥松和顾钟炜背着行李在前面探路，苏珍先生背着仪器走在后面。在快到3号断面时，张祥松掉进了一个深5米的裂隙，摔得很厉害，大家都很紧张。但这个冰裂隙是必须过去的。接下来，顾钟炜慢慢下到冰裂隙的底部，苏珍先生用绳子把仪器放下去，自己再下去，然后再爬上冰裂隙的对面。

说到张祥松，苏珍先生说，他头一年就摔过一次，从很高的陡崖上掉下去，摔在罕萨河边，当时就昏过去了。等施雅风先生他们绕道下到河边时，张祥松已经苏醒过来，但照相机被冲走了。张祥松1995年就去世了，年仅58岁，这同他当年工作之艰辛是有很大关系的。

考察组在山上考察时，就住在帐篷里。帐篷由巴方用直升机送上去，他们自己用煤油炉做饭，中午就吃干粮。考察组有基本营地，那里有大夫和行政人员，还有炊事员，就不用自己做饭了。他们测得数据后，就在基本营地进行计算。工作量很大，而他们只有手摇计算机，三个人算了半个月，终于把冰川厚度问题解决了。他们还算出了年冰流量和冰储量。就这样，他一直干到1975年年底。

巴托拉冰川地区有狼和狐狸，它们常到营地来偷鸡、肉和罐头。尤其是狐狸，一到晚上就来，考察人员还得起来赶它们。刘光远是负责气象观测的，每天凌晨2点和早上8点，都要按时去观测点记录数据。有一天早上起来，他被两头狼跟上了，弄得很紧张。

除了考察中的危险外，在公路上来来往往也会遇到危险。苏珍先生说，在基本营地计算冰川厚度期间，有一次，他和司机去筑路指挥部取豆腐。返回时遇到塌方，路断了，吉普车的顶篷都被石头砸破了，好在人没有事。苏珍和司机被困在半道

上，晚上很冷，他们冻了一夜，没有吃的，就吃豆腐充饥。

考察组有三个人负责水文观测。他们昼夜观测，最后得出了罕萨河最高水位的数据，最大洪峰流量也算出来了。为弄清地下埋藏冰的问题，他们选了好几个地方探测，人工挖好几米深的探坑，看有没有冰，还用钻机钻孔，用热敏电阻温度计测量地下温度。研究冰川运动的几个人也很辛苦，要测量、摄影，第一年测量，第二年绘图，最后弄清了冰川前进和后退的周期，也弄清了冰川的运动速度。科学家们研究证明，当时冰川虽处于前进期，但不会危害公路。考察组的工作成果，为公路和桥梁设计提供了重要依据。他们对帕提巴尔沟也进行了考察，证明在近百年内，如果没有特殊情况（如地震等），那里不可能再出现1974年4月11日那样大规模的泥石流。

巴托拉冰川长50多公里，中国科考人员要测量的长度达二三十公里。苏珍先生说，有一次，他们想到上面看看情况，天不亮就出发了。走到上面时，发现有帐篷杆子和登山靴，还发现一本英国小说。后来一了解，才知道曾经有英国登山队员在巴托拉冰川遇难。

中国科学家对巴托拉冰川的考察研究受到两国政府的高度关注，也受到国际冰川学界的关注。考察期间，中国大使馆派人看望过他们，巴领导人佐·阿·布托也曾亲临视察。苏珍说，罕萨王也来看望，还给他们送樱桃。他女儿出嫁，还请他们去参加婚礼。

考察期间，中国科学家同当地人民也结下了深厚的友谊。苏珍先生说：有一个当地向导，是退伍军人，对我们非常好。大本营的老鼠很多，啃咬得厉害，他就把家里的猫抱来，鼠害就轻多了。罕萨盛产杏和苹果，他经常给我们送。他说，你们需要什么，我都可以提供。有一次，苏珍先生和考察组的同事

去吉尔吉特，正碰上当地举行马球比赛，锣鼓喧天，非常热闹。一看有中国人来了，人们马上把他们拥进了马球场的台上，坐在中间的沙发上。台上总共只有两个沙发，本来是为贵宾准备的，这下成了苏珍先生一行的专座。苏珍先生还被邀请为马球赛发球，这是当地一种特殊的礼遇。

从1974年4月至1975年11月，冰川考察组在巴托拉冰川及其邻近地区进行了冰川、水文、气候、地面立体摄影测量和泥石流的系统考察与研究。在此基础上，他们写出了《巴基斯坦伊斯兰共和国喀喇昆仑山巴托拉冰川考察报告》和《喀喇昆仑山巴托拉冰川考察与研究》专集。他们的工作，不仅直接为喀喇昆仑公路的建设作出了贡献，对冰川学的理论研究也有重要的科学价值。他们的研究成果在国际上也获得了赞誉。

苏珍先生说，冰川考察使他们对喀喇昆仑公路产生了深厚的感情。上世纪80年代和90年代，他们中都有人重访故地。

马立克·穆罕默德·伊克巴尔

1999 年，笔者应邀参加中国新闻代表团访问巴基斯坦，参加巴方庆祝中华人民共和国成立 50 周年的活动。借此机会，经同事介绍，笔者采访了马立克·穆罕默德·伊克巴尔先生（Malik Muhammad Iqbal），他曾经是喀喇昆仑公路建设的巴方总设计师。

马立克·穆罕默德·伊克巴尔先生说，他于 1951 年取得了民用工程的学位，他所在的班级是巴基斯坦独立后第一个学习民用工程的班。随后，他加入了工程兵部队的军事工程部（MES），从助理工程师干到总工程师，一直工作到退休。

马立克先生参加了巴基斯坦许多大型工程的建设，但他说，他一生中参加的最大的工程，就是喀喇昆仑公路。这是最值得纪念的工作，对此，他感到非常高兴和自豪。

巴基斯坦相关资料对喀喇昆仑公路建设的记载颇为复杂。巴基斯坦在这方面的努力，要追溯到其建国初期。

包括吉尔吉特在内的巴基斯坦北部地区是一大片山区，印、巴分治时，那里没有任何公路。从拉瓦尔品第至吉尔吉特的唯一道路要经巴布萨尔山口（海拔 13690 英尺，约合 4170 米），仅夏季有三四个月可以通行。其余时间，因山口积雪，交通断绝。那时候，从拉瓦尔品第到吉尔吉特，要走 19 天。山里的人们从家里出来时，要带上 10 天的干粮，干粮吃完后就在路上打工，挣钱准备干粮，然后再走。

巴基斯坦独立后，便打算修建通往吉尔吉特的全天候公路。根据有关资料，巴基斯坦从 1949 年开始修建曼塞赫拉—卡甘—吉尔吉特公路，于 1952 年完工。显然，这只是一条土路，顶多可以走吉普车。为了修建一条现代化的公路，巴测量人员于

1953—1954 年间开始了测量工作，直至 1956 年。

在巴基斯坦的一些资料中，喀喇昆仑公路的建设是从 1959 年算起的。1959 年初，巴基斯坦的一个工兵营奉命修建一条九级公路，把斯瓦特同吉拉斯连接起来。与此同时，另一个叫公共工程局（PWD）的机构奉命拓宽自吉拉斯至吉尔吉特的长 90 英里的吉普路。

工兵营负责的这条公路起自斯瓦特的卡洛拉（Karora），至吉拉斯止，长 155 英里（1 英里约合 1.61 公里）。公路的很长一段沿印度河而行，故被称作"印度河河谷道"（Indus Valley Road）。从斯瓦特中心地区的华扎海尔（Khuza Khel）至公路起点的卡洛拉，只有一条连骡子都难以通行的很窄的小道，其间还要翻越欣格拉（Shangla）山口。筑路所用的小型推土机、空压机等设备，都是拆开后人工背上去的，到卡洛拉再组装起来使用。筑路者于 1959 年 1 月 7 日到达卡洛拉，这一天就被算作公路开始建设的日子。公路所经地区都是部落区，连钞票都不通行，人们都是以物易物。工程所用的炸药、油料、给养，都要靠人背上去。冬天，欣格拉山口因大雪封闭，日子就更加艰难，筑路人员只能以当地的玉米充饥。至 1965 年第二次印巴战争发生时，这条公路已完成 140 英里长的单车道九级路，还差 15 英里。由于筑路部队被调往前线，工程被迫中止。这条公路，直到 1970 年才告完成。不过，公共工程局完成了吉拉斯至吉尔吉特 90 英里道路拓宽的工作。

1966 年，喀喇昆仑公路的建设开始了一个新时代。1966 年 1 月，中巴双方签订了《中巴公路联合勘查组关于修筑中巴公路的会议纪要》。3 月，中巴两国政府又签订了《关于修筑喀喇昆仑公路的协议》。巴方于同年成立了一个专门机构，叫边境工程组织（FWO），负责修路。巴基斯坦方面对喀喇昆仑公路的大规模建设是从 1967 年开始的。巴方在塔科特、吉拉斯、吉尔吉特和红其拉甫等地同时开始作业，巴空军运输了 1 万吨的设备，作出了突出的贡献。到 1968 年，巴方在塔科特—哈利格希段修了 390 公里粗通卡车的毛路，其他路段只能通吉普车，而哈利格希—红其拉甫段只修了 25 公里路基。为了加快工程进度，中巴两国政府决定由中国派筑路人员赴巴援建。

马立克先生在上世纪 50 年代参加公路建设后，便负责勘测工作。他说，如果你在那个时候看到这个地区，肯定会说这条路是修不成的。路线这么长，一路上有这么多的高山、深谷，根本无法通行。环境又极其恶劣，夏天酷热，冬天非常寒冷。但是，工程兵部队的青年人不畏艰险，勇敢地挑起了重担。他们跋山涉水，开始了工作。

马立克先生工作了一段时间后，便被政府派去澳大利亚进修。1967 年 2 月，他从澳大利亚回来，便奉命负责从阿伯塔巴德至红其拉甫山口间公路纵剖面（Long Unro Section）的测量。马立克先生说，测量是公路建设的基础工作，测量不准确，便无法设计。如果这一工作完成得好，就可以建成一条好公路。他同工程兵的总工程师部和其他人员一起，跋山涉水，风餐露宿，冒着严寒和酷暑，完成了这一艰巨的工作。

马立克先生说，纵剖面测量完成后，就开始计算工程量，有多少挖方，有多少填方，都要算清楚。有的地方可以使用人力，但许多地方必须使用机械。如何把设备运上去成了大问题，因为没有路。他们把机械拆开，用直升机运到工作面，再装配起来工作。对于那时的困难和艰险，只有干过这一工作的人才能了解。许多中国朋友牺牲了，巴基斯坦也有许多人牺牲了，但他们表现出了一种必胜的信念，相信通过齐心协力，一定能

1979年，新疆喀什，塔吉克族群众载歌载舞欢迎巴基斯坦商队的到来。（供图：FOTOE）

把公路建成。在这样艰苦的地方，做这样艰巨危险的工作，这种信念非常重要。

马立克先生说，在建设喀喇昆仑公路的过程中，他向中国人学到了建桥的技术。按照书本上的办法建桥，要费很长的时间，中国朋友把他们独特的技术教给巴基斯坦人，这种技术非常成功，工作顺利多了。笔者后来向新疆公路局的朋友了解到，这种技术叫肋板拱，通过现场设计、现场预制吊装拱肋，大大加快了施工进度。

巴基斯坦是一个炎热的国度，但北部地区冬天很冷。巴基斯坦人不懂得在寒冷地区如何打混凝土，用老办法打混凝土，会结冰破裂，导致桥梁坍塌。马立克先生说，中国朋友提出了蒸汽养护的办法，他们学会了这种办法后，工作效率大大提高，一天能完成以往15天的工作量。他们开始建造各种大大小小的桥梁，使整条公路得以贯通。

2003 年，陆水林（左2）在喀喇昆仑公路沿线采访时于红其拉甫山口界碑处留影。

在中巴两国筑路人员的共同努力下，喀喇昆仑公路终于竣工了。1978 年 6 月 18 日，在塔科特举行了公路交接仪式，巴基斯坦首席执行官齐亚·哈克将军和中国政府代表团团长、副总理耿飚分别代表两国政府在交接证书上签字，37 名中国筑路人员荣获齐亚·哈克将军颁发的勋章。这个仪式，在巴基斯坦的资料中均被称为喀喇昆仑公路正式通车仪式。

从巴基斯坦方面来说，喀喇昆仑公路的建设共费时 20 年。由于全部筑路机械、车辆、设备、器材、工具和中国施工人员的生活物资均由中方提供，巴方只负责提供部分水泥、燃料、油料，所以，我们在巴基斯坦方面的资料中看到的只有这几项数字：水泥，8 万吨；汽油等油料，8 万吨；炸药，8000 吨；煤炭，3.5 万吨。另外，有 1000 辆卡车随时都在运行。

陆水林

（中国国际广播电台译审、学者）

东方电气在巴工程项目实践

　　中国东方电气集团公司（以下简称"东方电气"），一个以发电设备制造、供应和工程项目总承包为主业的关系国家安全和国民经济命脉的特大型企业集团，在与友好邻邦巴基斯坦的经济合作方面走过了 25 年的历程。25 年来，东方电气在巴基斯坦共完成和在建工程项目 20 余个，履约总金额近 20 亿美元，其中包括近期发电的兰迪普燃机工程、真纳 8×12MW 贯流式水电项目总承包工程、阿莱瓦 2×60.5MW 水电土建和汉瓦 2×34MW + 4MW 水电站设备成套工程；2007 年以前完成的主要项目有巴罗塔 5×290MW 水电厂房枢纽土建（C03 标）和水电站机电及输变电设备成套（ME03 标）工程，铁路项目 69 台机车和 1300 台货车供货，火电工程项目承包，水、火电机组修理，以及污水处理等各类工程项目。

　　在完成巴基斯坦市场开拓和工程项目履约的同时，东方电气广大员工与巴基斯坦同行建立了深厚友谊。2006 年 2 月巴基斯坦时任总统穆沙拉夫访华期间，于 2 月 23 日访问了中国东方电气集团公司总部并发表讲话，感谢东方电气为巴基斯坦所做的一切。

巴罗塔水电站工程成功履约

　　上述巴基斯坦的工程项目除真纳水电站、铁路工程等少数项目为中国政府信贷外，巴罗塔水电站等大部分工程项目都是通过激烈的国际竞标方式获得的，较之国内相关的工程项目，有三个显著的特点：

（1）几乎所有的工程项目投标和履约，必须符合世界银行"招标采购导则"和 Fidic 条款的规定，这就要求我们加快与国际接轨的步伐，从观念和行为规范上来一个根本的转变；

（2）经济全球化导致国际竞争的白热化，对东方电气这样的企业集团，虽然在国内有比较大的优势，然而我们缺乏一些国际先进技术和先进管理经验，为了跻身国际市场，我们必须扩大服务领域，学会用资源整合的办法扩大优势，弥补差距。一段时间内，低价中标，然后通过强化国际化的施工组织管理去成功履约进而达到名利双收，便成为一种需要，也是一种必然；

（3）巴基斯坦是我们的友好邻邦。在巴工程项目的履约，在各个不同阶段，我们既要履行合同的责任和义务，又要争取平等的合同权利，特别是还要服从和服务于中巴友好的大局，尽应尽的社会责任。

一个工程项目，特别是一个大的工程项目的建设，少则需要几年，多则需要十几年才能完成，在投标和履约过程中，情况在不断变化。面对不断变化的情况，作为一个合格的承包商，不仅要从施工的组织管理上制订以变应变的战略和策略，较好地适应不断变化的情况，最大限度地避免或减轻可能给承包商带来的经济损失；而且要从商务管理上分析、预测变化的情况和原因，如果属于业主／工程师或人力不可抗拒因素造成的延误或变更，承包商就应该通过合同规定的合法程序同业主／工程师商量签订新的补充协议，或直接向业主／工程师提交索赔报告，以求得合理的工期和费用补偿，从商务上化解承包商的风险。

现以已经完工的巴罗塔 5×290MW 水电 C03 标土建合同为例。东方电气为扩大服务领域，在国际竞争十分激烈的情况

下，以比第二名韩国现代低 3800 万美元的价格（即 2.5 亿美元合同价）中标，按照授标后的概预算，正常情况下，工程成本将超过 2.75 亿美元，换言之，工程亏损将高达 2500 万美元以上。对第一次以竞标形式在国外承担最大水电工程承包的东方电气来说，C03 标合同从 1997 年 2 月开工到 1999 年 8 月整整 30 个月的时间内，我们经历了一个痛苦的学习过程：由于观念滞后、管理体制和机制滞后、管理人员特别高层管理人员缺乏国际工程承包的经验，导致合同工期过了近半（原合同工期 64 个月）工程量才完成 25%，其中砼浇筑仅完成 5%，工程履约几近崩溃的边缘。加之概预算的严重亏损，如不及时纠正，必然给工程履约带来灾难性的后果。

经过深刻反思之后，东方电气和合作单位作出了调整思路、调整体制、调整机制、调整高层管理人员的正确决策，工地则着力理顺各种关系，强化施工组织管理，使工程很快进入"迟来"的高峰期，并连续数年保持良好的工程量和形象进度，直至工程结束。东方电气的出色表现，终于赢得业主巴基斯坦水

电发展总署（简称 WAPDA）和工程师的尊重，并主动提出签订 #2 补充协议，解决因业主延期交地等原因给承包商 13 个月的工期补偿和约 2000 万美元（含 500 余万美元的全额奖金）的费用补偿问题。

巴罗塔工程的成功就在于及早纠正了工期的自身延误，并抢回了工期，不但避免了业主的罚款，而且变被动为主动，从业主方面获得了因业主延误和合同变更等带来的数千万美元的费用补偿收入。

质量安全同样重要。巴罗塔工程某外国公司承担的 C01 标合同，因一批砼钢筋不合格，导致工程质量的下降，被业主罚款 1000 多万美元；而东方电气的厂房枢纽 C03 标合同，由于措施得力，依靠专人管理，从未出现大的质量安全事故。东方电气还在巴罗塔工程履约中恰当地应用中巴两国政府互免

2001 年 2 月 9 日，潘纪盛和 WAPDA 巴罗塔项目总经理扎林（Zareen）准将就 C03 标签订 #2 补充协议，时任中国驻巴大使陆树林先生和 WAPDA 主席阿里·汗将军见证。

双重征税的政策，并促成中巴两国政府关于互免双重征税第二号议定书的签订，既为工程退免了1200多万美元的税收，又促成了1000多万美元利息进成本和免交10%利息税。这不仅惠及东方电气的巴罗塔工程和该司后续项目，而且惠及所有中国公司的在巴项目，对维护国家和中国公司的利益，对巴基斯坦企业到中国投资搞项目以及维护巴基斯坦国家和企业的利益都起了积极的推动作用。

1999年末至2001年，正当我们理顺巴罗塔工程各方面关系，工程量和形象进度日新月异之时，2001年"9·11"事件和同年10月7日开始的阿富汗战争，迅速将整个巴罗塔工程建设推向危局。由于该工程与毗邻阿富汗的巴基斯坦西北边境省省会白沙瓦相隔仅80余公里，一时之间难民遍地，乱象丛生，参加巴罗塔工程建设的所有外国公司和其他中国公司迅速撤离。东方电气的巴罗塔工地也一连五个"紧急报告"飞向成都总部，让总部领导心急火燎，在撤与不撤的重大问题上必须作出决策。撤，不仅将使东方电气蒙受数千万美元的损失，巴基斯坦这一花费20多亿美元巨资的国家重点工程

潘纪盛（中）和时任中国驻巴大使陆树林与WAPDA主席阿里·汗将军合影。

将会遭受更大的损失；不撤，工地现场和在巴的100多名东方电气员工将面临生命危险。为了作出正确的决策，我们认真调研，相继向外交部、商务部相关部门领导请教，特别是与曾任或在任资深外交官周刚、张成礼、陆树林等大使广泛而深入交换意见。在全面分析和判断形势基础上，总部领导班子作出了继续留守施工，静观形势变化，紧紧依靠中国驻巴使馆和工地广大员工，采取各种防范措施，确保中方人员生命财产安全的大胆决策。

形势的发展，印证了东方电气对形势的正确估计。东方电气转危为机、变坏事为好事的出色表现，不仅为自身履约赢得了时间，也为各建设单位作出了榜样，促进了巴罗塔水电工程的迅速复工，赢得了业主 WAPDA、巴基斯坦政府和人民的高度赞誉，体现了东方电气"Friend in need is friend in deed（患难之交见真情）"的高尚情怀和中巴两国的深情厚谊。

巩固、发展中巴两国的经济合作关系，就是巩固和发展两国政府和人民的友谊。我们在项目实施过程中，既服从于、服务于工程项目的履约，又服从于、服务于对外友好的大局，尽一份应尽的社会责任。巴罗塔项目合同生效初期，各个承包商处境都比较困难。有一次，某承包商所在国的大使会见中国时任驻巴大使，希望两国驻巴使馆联合照会巴基斯坦政府，对巴政府施压，试图以"强权"改善承包商的外部环境。中国驻巴大使及时向我们通报了这一信息，经过讨论并一致认为，因国情、司情的不同，我们不能联合采取行动，从而婉拒了该国大使的请求。在此后履约和与巴方的交往中，我们始终坚持友好协商原则，既在履约中起到异曲同工的效果，又在交往中维护了中巴友好的大局。

然而，在实际工作中，维护中巴友好也并不是一帆风顺

潘纪盛与巴基斯坦原子能委员会时任主席佩尔韦兹·布特（右3）及其他巴方领导成员合影。

的。在各个工程履约中，我们每天都要面对数以千计的巴方员工，特别是像巴罗塔工程有来自多个国家的承包商，由于国情、司情和项目履约的差异，以及各个员工的宗教信仰和素质的不同，指望每个环节不发生矛盾以及所有员工"和谐"相处是十分困难的。在"9·11"前的近三年时间内，由于巴罗塔项目C03合同报价低，东方电气的巴方员工的工资无法同其他外国承包商的巴方雇员相比，加之少数工会头目（由于员工工资少，他们抽头也少）的挑唆等原因，工地连续发生七次罢工事件。经中国驻巴使馆的努力，巴国内务部宣布罢工非法，同时增派警力，与WAPDA通力合作，保护我方员工的安全，从而避免了事态的扩大。

后来，随着"9·11"事件导致其他所有承包商撤离，其巴方员工全部失业，这时东方电气的巴方数千员工才深切体会到，还是中国友好、东方电气友好，这份工作来之不易，应该珍惜。"9·11"事件后，再也没有发生过罢工事件。东方电气在巴的各个工程项目的实施还解决了数以千计的巴方员工

的就业问题，对巴国社会的稳定也起了积极的作用。

阿莱瓦水电工地行路难

带着组织的重托和水电工程需要解决的问题，2007年3月28日，我们再一次来到友好邻邦巴基斯坦，这是我第59次巴基斯坦之行。机场、道路、建筑、山川、平原、人文、地貌……似乎都是那样熟悉、亲近！

4月1日一大早，巴罗塔营地微风吹拂，空气清新，让人稍感些许凉意。朝阳照耀在水库的宽阔水面上，折射出万道"鱼鳞"之光。我和孙自强同志以此为起点，踏上了前往东方电气在建的阿莱瓦水电站工地的征程。阿莱瓦和汉瓦两座水电站分别位于巴基斯坦西北边境省（现为开伯尔—普什图省）的巴特格拉姆（Batgram）和巴沙姆（Basham）境内，距伊斯兰堡和巴罗塔水电站都约250公里。这两座电站厂房在印度河谷两岸遥遥相望，距离大约1小时车程。东方电气通过竞标赢得了阿莱瓦水电站的土建工程和汉瓦水电站的设备成套项目，合同金额分别为3600万美元和1200万美元。阿莱瓦水电站地处深山峡谷，厂房与大坝间靠一条长2300多米的压力隧道连接在一起。如今，隧道已掘进600多米，深山中的大坝和印度河边几近绝壁下的厂房基础正在开挖施工。这里"交通靠走，通讯靠吼，施工靠手"，对东方电气员工是一个严峻的考验。特别是由于处在地震多发区，地质、气候条件十分恶劣，更增加了土建施工的难度。

这是阿莱瓦电站土建工程开工以来我第四次前往。前三次去的均是大坝坝址所在地，至于印度河边的厂址，都因没有通车而未能成行。听说现在厂房已通车，土建施工正在进行，而工地领导班子也多在厂房施工现场，于是，我便选择了阿莱瓦厂房工地作为此行的主要目的地。

从巴罗塔工地出发，经过约50公里的旅行，便到了喀喇昆仑公路的起点哈桑巴德尔（Hassanbdal）。这条双向两车道的"高等级"公路，蜿蜒在弯弯曲曲的印度河谷和喀喇昆仑山的悬崖峭壁之中。东方电气的建设者们和机具、材料运输人员就是在这样的条件下无数次往返其间，忍受着常人难以想象的艰辛，为东方电气的发展建功立业，为中巴友谊谱写一曲曲昭示后人的赞歌。

经过近5个小时的旅行，下午1点钟我们来到了喀喇昆仑公路的一个山口，准备在路边一个条件简陋的"驿站"休息片刻，吃点干粮作为午饭。正当我们拖着疲惫的身体下车时，大雨夹着大如小鸡蛋的冰雹倾盆而下，打在公路、车顶、铁皮房顶和脑袋上啪啪作响。出于本能，我们三步并作两步跳上了台阶，跑到屋内，目睹这难得的一幕。此时，遍地已是无色透明的冰雹加雨水。是运气还是预感？也许都有，使老天爷赐给的下马威未让我们遭受损失。大约过了半小时，冰雹停止之后，我们才又踏上征程。此时，天空能见度增大，远处的雪山露出真容，婀娜多姿，显得格外美丽。

下午3点半左右，我们行进到喀喇昆仑公路印度河友谊桥（中方建设的起点）桥头。向左跨过印度河大桥，是前往汉瓦工地的道路。我们离开喀喇昆仑公路，沿右边山坡的道路去阿莱瓦。从岔路口算起，往右上山走约37公里山路，一般情况下约2小时即可抵达阿莱瓦拦河坝建设工地。然而，从3月8日起通往那里的道路中断，汽车无法前往，运输只能靠骡马。我们这次要去的是阿莱瓦厂房建设工地，没有抵达不了目的地的忧愁，而且比去坝址近——从岔路口计算，仅有不到20公里的路程，按计划半小时之内就可抵达。年富力强的阿莱瓦项目副总经理熊旭红为了和我们一见，从坝址徒步抄近道翻越大山，历时三个多小时到达厂房建设工地等候。想到很快就要与弟兄们见面，我们难掩内心的喜悦。汽车爬了一段山路之后，再往左沿印度河而上，直奔厂房建设工地而去。然而，就是这依山傍水而上的10多公里，却耗费了我们两个半小时的时间！

在离厂房工地约两公里的一处山沟，因为两天来的大雨和冰雹，泥石流倾泻而下，冲断了前进的道路，一条约1米深、2米宽的泥水加乱石的河沟横亘在我们的面前，让我们乘坐的"陆地巡洋舰"望河兴叹。来往的行人、牛羊群均无法通行。这时，一条着急"回家"的白狗几度徘徊后跃下了"河沟"的乱石滩，探索着跳跃前进。我们观察着它的一举一动，踩着它走过去的足迹，连续几跳，终了到达彼岸。

前行不出100米，一股更大更湍急的山水沿另一冲沟倾泻而下，再次阻断了前进的道路。此时，孙自强同志为了我的安全，要我站着不动，他往上游察看，结果发现仍是水深流急，很难过去。最后，巴基斯坦朋友站了出来，有的给我们提鞋，有的搀扶着我们，终于涉水过去。

当我们步行到可看见厂房营地的时候，山上的塌方给我们造成更大的困难，成百立方的泥土和石头挡在我们面前。但我们已高兴地发现，200 米开外，项目总经理杨永贵和行政办主任杨学成在说着什么。不一会儿，杨学成往回走，不久就叫来了一台挖掘机清除路障。可杨永贵突然不见了。过了 20 多分钟，他竟然从我们侧后离公路数十米高的印度河岸沿陡峭的山崖爬了上来，让我们感慨不已，含着泪紧紧握着他的手，不知是高兴、是感激、是恐惧，还是担心着他的安全，居然久久未说出一句话。

两公里的行程，两个半小时的搏斗！下午 6 时许，我们终于迎来了同厂房工地全体员工的亲切会见。三天的阿莱瓦、汉瓦之行，让我们领略了大自然的强悍和人类征服大自然的决心，更让我们寄托了中巴之间友好合作的热忱和对阿莱瓦、汉瓦两工程成功的厚望。

潘纪盛

（中国东方电气集团公司原副总裁）

携手同心，抢救中国登山队员

　　2005 年 5 月 27 日，黄昏，我的手机响起了急促的铃声，打开手机却未见号码显示。根据多年的经验判断，此来电不同寻常，估计是卫星电话，必有大事发生。果然不出所料，是中国西藏登山队队长桑珠打来的，我顿时有了一种不祥的预感。电话里，桑珠心情悲痛地报告，登山队从斯卡杜出发到大本营的途中遭遇山体滑坡，滚落下来的山石砸伤了乘坐在敞篷吉普车里的仁那和边巴扎西两人。仁那被砸伤了头部，经抢救无效，不幸罹难。边巴扎西颈部受重伤，现神志不清，依然有生命危险，需要转院治疗。我在电话里询问了其他队员的情况，表示使馆将尽全力抢救受伤的队员，并安排其他队员尽早撤回首都伊斯兰堡。

　　此前，5 月 15 日，中国西藏登山队一行 11 人由乌鲁木齐乘飞机抵达巴基斯坦首都伊斯兰堡，21 日离开伊斯兰堡前往斯卡杜，计划攀登位于喀喇昆仑山区的世界第十一高峰迦舒布鲁姆峰。中国西藏登山队成立于 1992 年 4 月 1 日，目标是征服世界上 14 座 8000 米以上的山峰，其中有 4 座在巴基斯坦境内。建队以来，西藏登山队成功登顶 13 座海拔在 8000 米以上的山峰，仅剩迦舒布鲁姆峰尚未登顶。

　　情况紧急，我立即驾车前往使馆向张春祥大使报告，途中接到了巴基斯坦登山协会副会长曼祖退役中校打来的电话。他也通报了西藏登山队遇险的情况，代表巴方对仁那的不幸遇难表示哀悼，并告知明日清晨空军将有一架 C-130 运输机飞往斯卡杜执行任务，希望使馆能与军方联系搭乘此架飞机，接回重伤员边巴扎西到伊斯兰堡抢救治疗。曼祖中校曾经服役于巴基斯坦工程兵，上世纪70年代，我们曾一起在巴基斯坦北部山区修建喀喇昆仑公路。我作为中方翻译经常与他见面，他虽然不善言辞，但是待人诚恳忠厚。在那些日子里，我们风餐露宿，并肩战斗，开山放炮，筑路架桥，建立了深厚友谊。后来，我调到驻巴使馆文化处工作，负责中巴两国体育交流，我们又建立了联系。

经过15分钟的车程，我赶到使馆向张春祥大使作了汇报，一起商定了初步的救援方案：请武官处与军方联系，争取我作为使馆代表搭乘飞往斯卡杜的军用运输机，接回受伤队员并请巴军方安排我伤员在巴三军总医院抢救治疗。危机时刻请求巴军方的协助是我们共同想到的，也是我们多年来在巴基斯坦工作和生活的经验，他们不仅具备应对突发事件的能力，更为重要的是，他们对中国和中国朋友有一种特殊的感情。张大使立即拨通了武官处的电话，要求他们按照商定的救援方案，迅速与巴军方联系，全力协助抢救我西藏登山队。

从使馆出来，我直接去了武馆处，此时已是晚上7点多钟了。到达武官处时，有关同志已在会议室商讨营救计划。见面后，我们又一起详细地制定了营救计划的每一处细节及备用方案，明确每个人的具体任务。会议结束后，天色已变暗，巴政府部门和军方机关早已经下班。除了与值班人员联系，只能往决策人物的家里打电话，如不是平常保持很好的工作和私人关系，在这关键时刻很难找到人办成事。

回到文化处后，我召集相关人员开会，部署救援工作，确定张冰秘书同我前往斯卡杜。当时真是心急如焚，通常，乘坐巴军用飞机要提前办理相关手续，需要一定的时间，这次如此仓促，能否办妥，心里直犯嘀咕。9点多钟，邹吉志代武官打来电话，告知搭乘军机事宜已办妥，三军总医院已联系好。听到此消息，我总算是松了一口气。巴军方在如此短的时间内同意中国外交官乘坐军机赴边防重镇斯卡杜，可想而知是惊动了高层而作出的特殊处理。明天早晨天气如何，能否起飞又成了我担心的事情。巴基斯坦北部山区气候变化无常，时常影响飞机起降，因此并不是每天都有固定的航班。而从陆路转送伤员至少需要两天的行程，况且山区公路蜿蜒崎岖，道路颠簸不平，所以运送重伤员是不可能的。只能默默祈祷和等待了，但愿天助我也。

怀着忐忑不安的心情度过了无眠之夜，清晨，阳光照进了屋里，我预感到气象条件良好，飞机可以正点起飞，心情略感安慰，但心中仍然牵挂着远方的伤员和其他同胞。按照巴空军的要求，我和张冰秘书准时抵达停机坪。我们进入空军基地得到了特殊礼遇，一路放行。空军军官和曼祖退役中校早已在那里等候，飞机发动机已开启，起飞前的准备工作已进行完毕，只等我们的到来。我们进入机舱后，飞机开始沿跑道滑行起飞。军用运输机没有作任何的改装，飞机的线路和管道都暴露在机舱内，座位用尼龙布带编制而成，坐在上面感觉如同去执行任务的空降兵。机组将我们安排在机舱前面就座，因为这里噪音较小，与我们交流也较为方便。飞机里除了我们两人以及登山协会的官员外，大多数是前往北部执行任务或者休假归队的军人、眷属和孩子，以及大量的军用物资。起飞后不久，飞机就进入巴北部的崇山峻岭之中，沿着印度河向北飞行，印度河两岸终年不化的雪山高耸入云。

透过舷窗可以清晰地看到沿印度河修建的喀喇昆仑公路，它又被称为中巴友谊公路，北起中国新疆喀什市，南至巴北部塔科特大桥，全长1224公里。公路穿越喀喇昆仑山脉、兴都库什山脉、帕米尔高原及喜马拉雅山西端，全路海拔最低点600米、最高点4694米，被称为世界"第八大奇迹"。同机的曼祖退役中校和我都是建设中巴友谊公路的参与者，也是这段历史的见证者，此时，由于惦记着西藏登山队，我们心情都较为沉重，无暇回顾那段艰苦而充实的时光。

40分钟后，飞机徐徐降落在吉尔吉特机场，飞机需要加油补给，还有部分乘客上下飞机。机场附近建有一座公园，是这个城镇唯一的景点。园内最有名气是马可·波罗羊的雕像，传说当年马可·波罗前往中国路经此地时在附近的雪山高原上发现了此种山羊，因此得名。吉尔吉特是巴基斯坦北部重镇，喀喇昆仑公路由此通过，当年第二期公路建设的中方总指挥部就设在机场往南不远处的山脚下，离城仅有5公里。但在当时，严密的纪律是不允许任何人离开施工现场和营地的，除非有外事活动，所以基本上我们的筑路战友在工程结束回国时都没有来过这座北部小镇。指挥部的东北侧建有一座中国筑路员工烈士陵园，安葬着88位为建设中巴友谊公路而牺牲的烈士。

稍作停留后，飞机再次升空，11点30分抵达目的地斯卡杜机场。飞机停稳后，我和巴方人员冲出机舱，奔向在停机坪等候的西藏登山队，看到躺在救护车上的边巴扎西，以及仁那的遗体。当时边巴扎西神志清晰，有意识，但是不能张口说话。随后，我与全体队员一一握手问候，并紧握桑珠的双手说道，"我代表中国驻巴基斯坦大使馆，代表张大使本人接大家回家，大家受惊了。"

桑珠队长向我们讲述了事故发生的经过。5月27日中午，登山队分乘多辆敞篷吉普车从斯卡杜出发，在前往大本营的半途中遭遇山体滑坡，滚落的石头击中了仁那的头部和边巴扎西的颈部，当时仁那伤势十分严重，已休克不醒，队员们采取了急救措施，止血并包扎伤口。桑珠和随队军方联络官阿塔尔果断作出决定，返回斯卡杜抢救伤员。为了争分夺秒挽救伤员的生命，只能求助于军方调动直升机运回伤员。车队抵达一处军队检查站时，阿塔尔中尉迅速用军用电话同斯卡杜、吉尔吉特及伊斯兰堡联系，请求派直升机抢救伤员。很快，直升机就降落在指定位置，15分钟后，伤员送进了斯卡杜军方医院，院长亲自安排部署抢救。虽然巴军医尽全力抢救，不幸还是没有挽回仁那的生命。

巴军用运输机每次执行任务，对飞机载重量都有严格要求，我们十几位搭乘飞机回伊斯兰堡，就意味着有与我们相同人数的巴军人不能登机。看到已在停机坪等候多时的男女老少，我心中不免有点酸楚，他们其中一部分人只能等待下次航班或者改走陆路回家，不知何时才能与家人团聚。机场工作人员向未能登机的朋友一一说明了情况，从他们的表情中我看出了理解和同情，我为巴朋友的支持和理解而感动。回程飞行途中，巴军医一直守护在边巴扎西的身边，不时检查他的伤情，如同在守护自己的亲人。这一幕永远定格在我的脑海里。

13时15分，飞机顺利返抵伊斯兰堡军用机场，张春祥大使、巴三军总院救护小组、使馆文化处和武官处的同事已在机场等候，救护车随即将伤员和仁那的遗体送往总院。在场的巴空军飞行中队长对前来采访的新华社记者说："只有中国兄弟在巴基斯坦才能享受这样的待遇。"

抵达医院后，院方负责人对张大使说："不要担心，他们到这里就像到了家一样，我们会尽一切努力为他们治疗。"院方安排了两位技术高超的医生为边巴扎西治疗，24小时在重病房监护。仁那的遗体做了处理后存放在冷冻室。为了表示友好，院方还打破医院惯例，允许中方人员随时到病房看望伤员。

29日中午，巴联邦政府文化体育与旅游部长贾迈勒来到队员们休整驻地慰问登山队员。他对队员们讲，"得知你们遇险的消息，我们感到非常难过。尽管发生了很大的不幸，但是，我们还是真诚欢迎你们今后随时到巴基斯坦登山，把这里当作自己的家一样。"随后，他又前往三军总院看望了正在熟睡的边巴扎西。贾迈勒部长曾经是位医生，他仔细查看了病人的血压和心率数据，向在场医生询问了病人的伤势和治疗方案，离开时还在边巴扎西床头留下了一束鲜花，祝愿他早日康复。

几天后，由西藏登山协会主席群增带队，罹难队员仁那的妻子吉吉、受伤队员边巴扎西的妻子普布和西藏体育局组成的6人慰问小组抵达伊斯兰堡。吉吉同样是西藏登山队的一员，丈夫牺牲时她正在珠穆朗玛峰大本营执行回收垃圾的任务，不幸的消息让她悲痛万分。他们夫妻在1999年曾作为队友同时成功登顶珠穆朗玛峰，创造了国内夫妻同时登顶珠峰的记录。仁那是位憨厚、朴实、勇敢和刚毅的登山队员，在重大的登山活动中，他听从指挥，不畏艰险，勇担重任。自1993年以来，已成功登顶世界13座海拔8000米以上的高峰，两次荣获国家体育总局授予的体育运动荣誉奖章。他一次次以挑战极限的勇气完成了任务，赢得了国内外登山界同行的敬仰，也为国家赢得了荣誉。

按照藏族同胞的风俗习惯，需要在当地火葬仁那遗体。但巴基斯坦是信奉伊斯兰教的国家，当地没有火葬的习俗。几经周折，巴方在拉瓦尔品第市区一处居民区找到了废弃多年的印度教徒火葬场，向周围的居民说明情况后，得到了他们的宽容和理解。6月2日下午，仁那的灵柩被运到火葬场，上面摆放着花圈和洁白的哈达，撒满花瓣。灵柩的四周煨起桑烟，点起了酥油灯，敬上了炷香，以藏民族的传统礼仪厚葬仁那。闻讯而来的当地印度教徒也参加了仁那的葬礼，为他的亡灵祈祷。这让我感受到，巴基斯坦人民无论信仰何种宗教、加入何种党

派，都十分珍惜中巴友谊。

经过一周的治疗，边巴扎西的伤势得到明显好转，已能乘坐国际航班回国继续治疗。6月5日，西藏登山队及慰问小组一行乘飞机回国，登机前，队长桑珠表示：虽然这次遭受了挫折失败，但是他们会重返巴基斯坦，完成英烈未竟的事业。

经过近两年的休整，2007年5月，中国西藏登山队在桑珠的率领下再次来到巴基斯坦。经过精心治疗的边巴扎西已经痊愈，队员中还增加了烈士仁那的妻子吉吉。他们的到来不仅是为了征服世界上最后一座海拔在8000米以上的高峰，完成队友、丈夫的遗愿，更重要的是用自己的实际行动报答巴基斯坦人民的救命之恩，为中巴友谊大厦添砖加瓦。登山队员和巴方协助队员齐心协力，奋力拼搏，终于在7月12日9点20分成功登顶，创造了世界纪录，为祖国赢得了荣誉，也为中巴

2007年7月28日，阿齐兹总理在官邸与中国西藏登山队全体人员合影。前排右3为中国驻巴大使罗照辉，左4为桑珠队长，左3为牺牲队员仁那的妻子吉吉。

阿齐兹总理在接见中国西藏登山队时与单宝祥参赞握手。

两国人民之间的友谊谱写了新的篇章。

　　7 月 28 日，时任巴基斯坦总理阿齐兹在官邸接见了全体登山队员，向中国登山健儿表示祝贺，并希望进一步加强两国人文及登山方面的交流与合作。巴联邦政府文化体育与旅游部、中国驻巴使馆分别为他们举行了庆功会，赞扬中国西藏登山队和巴协助队不怕困难、不怕牺牲的大无畏精神以及中巴友谊。

　　罗照辉大使在庆功会上说：中巴两国登山队和协作人员经历了登顶的喜悦，同样也承受了挫折和失败考验。2002 年在攀登世界第二高峰乔戈里峰时，随队联络官伊克巴尔上尉不幸罹难，献出了他年轻的生命。2005 年中国西藏登山队遇险后，如果没有巴政府和军方的全力抢救，边巴扎西就不可能全面康复并重返前线，也就不可能有今天登顶的成功。中国西藏登山队的成功凝聚了中巴两国登山健儿的鲜血和生命，我们所取得的成绩和荣誉不仅是属于中国人民的，而且也是属于巴基斯坦人民的。

单宝祥

（中国前驻巴基斯坦大使馆文化参赞，中巴友好协会理事）

后记

为配合周边外交和公共外交，特别为配合 2015 中巴友好交流年，五洲传播出版社协同外交笔会策划出版《我们和你们：中国和巴基斯坦的故事》，是一件十分有意义的事。这对读者了解中巴友谊的历史，了解中巴关系为什么这样"铁"、为什么成为不同社会制度国家关系的典范是有助益的。

本书的 20 多位作者都在巴基斯坦长期工作过，深切体验过巴基斯坦人民对中国人民的深情厚谊，都愿为中巴友谊添砖加瓦。他们中有中国前驻巴基斯坦大使、总领事、参赞、秘书，有驻外记者，有公司代表，有诗人、学者，具有广泛的代表性。作者中最年长的已 97 岁高龄，他们都积极认真地写稿，以自己亲身经历的生动故事，从多个侧面和视角描述、赞颂中巴友谊，使这本书具有很高的趣味性、可读性。这也反映了中国人民对巴基斯坦人民的深情厚谊。

这里我必须特别提到，巴基斯坦领导人对本书也特别关心和支持。巴基斯坦总统马姆努恩·侯赛因阁下在百忙之中抽时间亲自为本书写了序言，充分体现了巴基斯坦领导人对传承和发展中巴全天候友谊的高度重视。对此，我们表示由衷的感谢。

本书在编辑出版的过程中得到了五洲传播出版社的大力支持和指导，他们对编辑工作高度认真负责，为全书的完美作了很大的努力。外交部亚洲司、巴基斯坦驻华大使馆、中国驻巴基斯坦大使馆和外交笔会都给予了大力支持，现任中国驻巴大使孙卫东还为本书写了序言。在此，我们一并表示诚挚的感谢。

这本书是献给中巴两国的广大读者，尤其是两国友谊的传承者和发扬光大者——两国的年轻一代的。愿中巴友谊薪火相传、万古长青！

陆树林

2014 年 11 月